행복한
어른이 되는
돈 사용
설명서

일 러 두 기

＊독자의 빠른 이해를 돕기 위해 원화 대 엔화 환율을 1엔당 10원으로 통일하여 원화로만
표기했다.

＊본문에 제시되는 일본의 통계나 상황에는 괄호를 두어 한국의 사정을 설명했다.

SHIAWASE NA OKANE NO TSUKAIKATA
–ATARASHII KATEIKA BENKYOUHOU2–
by Tadaharu Minamino

ⓒ 2015 by Tadaharu Minamino
First published 2015 by Iwanami Shoten, Publisher,Tokyo.
This Korean edition published 2017
by Gong Myoung Publishing, Seoul
by arrangement with the Proprietor c/o Iwanami Shoten, Publisher, Tokyo
via BC Agency, Seoul.

★ ------ 10대를 위한 경제적 자립 수업

행복한
어른이 되는

미나미노 다다하루 지음 | 홍성민 옮김

돈 사용
설명서

세상을 변화시키는 작은 실천, 삶에서 배우는 행복을 위한 돈 쓰기

돈에 대한 수업을 시작하기 전에 자신이 무엇을 소중히 생각하는지
알아두는 것은 의미 있는 작업이다.
— 본문 중 —

"부자 되세요! 대박 나세요!"

타인의 행복을 바라는 마음으로 건네는 이런 인사들은 '돈
이 많으면 행복해질 것'이라는 전제를 가지고 있다. 미나미노
다다하루 선생님은 맹목적으로 돈을 향해 달려가는 삶이 진짜
행복은 아니라는 것을 이 책을 통해 이야기하고자 한다. 돈을
매개로 연결되는 타인, 사회, 자연 환경까지 의식 있는 돈벌이,

성찰이 있는 돈의 쓰임이 함께할 때 자연을 포함하여 모두가 행복할 수 있다고 말한다. 우리가 삶의 진짜 목적에 대해 고민할 때 비로소 돈은 바르게 벌 수 있고 의미 있게 쓸 수 있다.

우리는 좋은 대학에 진학하고 좋은 직장에 입사하여 안정적인 일자리 갖기가 곧 삶의 성공이라는 논리로 아이들을 채근해왔다. 그러니 아무것도 하지 말고 청소년기인 지금은 공부만 하면 된다고 말이다. 청소년기는 성인기에서의 자립을 위한 이유기로 스스로의 도전과 실패, 성장통이 꼭 필요한 시기다. 스스로 결정하고 선택하며 그 선택에 대한 책임을 지는 과정을 경험할 수 있어야 한다. 그럼에도 의식주에서 필요한 선택뿐만 아니라 심지어 어느 대학, 어느 학과까지도 어른들이 골라주다 보니 아이들이 혼자서 결정할 줄도, 스스로 책임질 수도 없는 어른이 되고 만다. 대학에 들어가고 직장을 잡아도 부모는 헬리콥터 부모가 되고 자식들은 캥거루족이 되어 자립할 기회를 부여받지 못해 자녀는 자녀대로, 부모는 부모대로 서로를 원망하게 된다.

살아간다는 것은 기본적인 생존을 위한 소비, 나아가 삶의 질을 결정할 수많은 선택과 소비의 연속이다. 우리 사회의 입시 위주 분위기 탓에 학생들은 '돈 쓰는 법'에 대해 가정에서 어른으로부터 배우지 않고 학교에서도 배울 기회가 적다. 그래서 미나미노 다다하루 가정 선생님이 쓰신《행복한 어른이 되는 돈 사용설명서》를 읽으며 매우 반갑고 부러웠다.

이 책은 고등학생에게 가정 교과서의 '소비경제' 수업을 하면서 '소비자'로서 어떻게 사용할지, '노동자'로서 돈을 어떻게 모아야 할지 알려주는 과정을 잘 보여주고 있다. '소비자'로서뿐만 아니라 '노동자'로서 일을 바라보는 관점과 태도를 가르치는 점에서 감동적이다. 우리 학생들 대부분이 생산직 · 전문직 · 사무직 '노동자'가 될 것인데, 우리는 어떤 '노동자'가 될 것인지 가르치는 데 그동안 소홀해왔기 때문이다.

한편 유일하게 삶에서의 '소비'를 다루는 교과인 우리나라 기술 · 가정 수업시간에서도 '소비경제'를 다룰 시간이 충분하지 않다. 현재 시행되고 있는 2009 개정《기술 · 가정》에는 중학교 과정의 '청소년의 소비생활'에서 올바른 소비행동에 대한 내용을 배우고, '진로탐색과 생애 설계'에서 생애설계 과정에서 경제적 자립을 어떻게 이룰 수 있을지 폭넓게 계획을 세우는 내용 외에 구체적인 '소비경제'와 관련된 학습요소를 다루지 않고 있다.

고등학교 심화 선택과목인《가정과학》에서 가계 재무 설계를 다루긴 하지만, 수능과목이 아니라는 이유로 일선학교에서는 《가정과학》을 거의 선택하지 않아 결국 학교 교육과정에서 학생들이 돈을 바르게 쓰는 법을 실제로 배울 기회는 별로 없는 셈이다. 다행히 내년부터 시행될 2015 개정 《기술·가정》에서는 고등학교 1학년 대상으로 '경제적 자립' 단원이 신설되어 관련 학습요소를 다룰 예정이지만, 일반선택 과목이라 수능과목 위주로 편성하다 보면 일선 학교에서 선택하지 않아 학생들이 배울 기회가 없게 된다.

우리나라 청소년들은 자타의 평가 기준이 '공부를 얼마나 잘하느냐'에 초점이 맞추어지다 보니 다양한 적성과 흥미를 가진, 그래서 다양한 삶의 목표를 가진 청소년들이 그들 각자의 삶의 방식이나 목표로 존중받을 기회가 적었다. 이것은 청소년들이 각자 자신의 개성과 소질을 발휘하며 각자 '나답게' 살아볼 경험이 부족하게 되는 결과를 가져왔다.

이 책에서는 청소년들에게 나답게 사는 경험을 할 수 있도록 알려주고 있다. '나답게 산다'는 것은 자신의 생활방식에 자신감을 갖는 것이라고, 패션이든 음식이든 놀이든 자신의 선택에 만족할 수 있을 때 '나답게 산다'고 할 수 있다고 알려준다. '나답다'를 결정하는 것은 사소한 일부터 중요한 일까지 매일의 일상에서 이루어지는 끊임없는 선택이다. 이 시점에서 무엇이든 결정할 수 있는 많은 경험의 기회를 주는 것이 교육의 과정이 되어야 한다.

흔히들 돈 바르게 쓰는 법이라고 하면 최소의 투입으로 최대의 산출을 내는 '경제적으로 합리적인' 지출을 생각한다. 그런데 이 책은 돈이 '살아 있는 돈'이 되도록 써야 한다고 하며, 심지어 우리의 행동 하나하나가 미래의 사회를 결정한다는 의미에서 '투표행동'이라고까지 말하고 있다. 행복하기 위해 어떻게 돈을 사용해야 하는지, 아이들에게 '나다움'을 찾고 자신들이 '소비'하는 것이 자신뿐 아니라 사회에 미치는 영향은 무엇인지까지 생각하게 하여 기특한 미래 어른이 되는 데 도움이 되도록 하고 있다.

이 책은 청소년들에게는 '자신의 행복을 위한 돈 쓰기'를, 자녀교육에 관심이 있는 부모들에게는 입시뿐 아니라 자녀들의 '돈 쓰는 공부'를 어떻게 시킬지에 대한 지혜를, 교사들에게는 '돈 사용법'에 대한 관점과 방법을 알려주는 수업을, 그리고 보통사람들 누구에게나 일상생활에서 '공유'하면서 사는 삶이 곧 '행복'에 이르는 길이며 '돈을 바르게 쓰는 것'은 결국 미래 사회에 대한 투자라는 것을 알려주는 좋은 길잡이가 될 것이다.

또 돈은 그 자체로 목적이 될 때보다 그것을 통해 타인과 어떤 관계를 형성하며 살아갈지 고민하고 선택하는, 생각하는 소비로 이어질 때 우리 모두의 삶이 보다 나은 방향으로 변화될 수 있다는 희망을 이야기하고 있다.

2017년
'청소년의 푸른 꿈을 응원하는' 전국가정교사모임

내가 자유롭게 쓸 수 있는
돈은 얼마일까

여러분은 지금 당장 자유롭게 쓸 수 있는 돈이 얼마나 되는지 알고 있을까?

여러분 중에는 돈이 생기면 무조건 은행에 저축하는 습관을 갖춘 덕에 벌써 꽤 많이 모아놓은 사람도 있을 것이고 아직 용돈을 받기 전이라 지갑 속에서 짤랑이는 동전 몇 개가 재산의 전부인 사람도 있을 것이다. 혹은 돈이 필요할 때마다 그때그때 부모님께 타서 쓰기 때문에 잘 모르겠다는 사람도 있을 것이다.

또 상당한 액수의 금액이 통장이 있긴 하지만 부모님이 손도 못 대게 하기 때문에 마음대로 쓸 수 있는 상황이 아니라서 나의 질문에 통장에 적힌 금액을 대답해야 할지, 아니면 지갑 속에 들어 있는 돈의 액수로 대답해야 할지 혼란스러운 사람도 있을 것이다.

내가 묻는 것은 어디까지나 자신이 자유롭게 쓸 수 있는 돈이다. 어른도 직장인이라면 월급날 통장에 돈이 들어오지만 생활비며 대출 이자 등 이것저것 빠져나가는 것이 많아서 월급 전부를 자유롭게 쓸 수 있는 것은 아니다.

누군가 "지금 돈 있어?" 하고 물으면 일반적으로는 자신이 자유롭게 쓸 수 있는 금액의 범위 내에서 대답한다. 그래서 돈을 생각할 때는 자유롭게 쓸 수 있는 돈과 사용처가 정해진 돈을 구별하는 것이 중요한데 그것을 정확히 인식하고 구별해서 생각하는 사람은 의외로 매우 적다.

돈은 제대로 사용하면 사람을 행복하게 한다. 하지만 그렇지 못해 불행해지는 사람도 많다. 그래서 어른이 되어 직접 돈을 벌어 쓰기 전에 돈을 어떻게 쓸지 그 사용법에 대해 미리 생각해두는 것이 꼭 필요하다.

나는 오사카의 한 고등학교에서 가정 과목을 가르치고 있다. 학교에서는 가정과 교과서의 '소비경제'를 다루는 단원에서 주로 돈의 의미와 사용법에 대해 알려준다. 소비자로서 어떻게 돈을 사용할지, 노동자로서 돈을 어떻게 모아야 하는지 그 방법을 알아본다. 인생을 예측한 생활설계와 악질상법, 대출을 비롯한 다중채무에 대해서도 알려준다. 그리고 돈을 사용하면서 반드시 함께 알아야 할 소비와 환경문제도 함께 고민하게 한다. 가정과 교과서는 이렇게 다양한 시점에서 우리가 평생을 함께할 돈에 대해 알아볼 수 있도록 풍성한 내용으로 구성되어 있다.

나는 진심으로 우리 학생들이 중·고등학교를 졸업하고 대학에 진학하거나 사회에 나가기 전에 돈에 대해서만큼은 확실히 알아두어야 한다고 생각한다. 그래서 특별히 신경을 써서 이 수업을 진행하고 싶지만 불행히도 현실은 그렇지 못하다.

변명을 하자면 가정과에서는 그 외에도 가르칠 내용이 너무 많아서 할당된 수업시간만으로는 도저히 소비경제 단원까지 충분히 가르칠 수 없다. 가정과 선생님이라면 누구나 나와 같은 고민을 갖고 있을 것이다.

구체적으로 보면 1, 2학년에서 각각 일주일에 2시간씩 '가정종합' 수업을 실시하는 학교도 있지만 1학년 때 일주일에 2시간 '가정과(가정기초)'를 학습하는 것이 전부인 학교가 대부분이다. 이렇게 애당초 가정과 수업시간이 적은데 그마저 갈수록 줄어들고 있다.

그래서 나는 그 중요성을 간과하지 않고 제때 배울 수 있게 하기 위해 돈을 바르게 쓰는 법에 관한 책을 쓰게 되었다. 돈에 대한 수업에서는 이것저것 하고 싶은 것이 많고 학생들에게 좀 더 많은 것을 충분히 가르치고 싶었기 때문이다.

돈의 사용법에 대해 실제 교실에서 이루어지는 수업, 머릿속으로만 계획해서 상상한 수업, 또 언제라도 학생들에게 잡담처럼 편안하게 나눠보고 싶었던 대화, 그 전부를 모아 책이라는 지면을 통해 독자 여러분과 수업을 진행해보기로 했다.

여러분도 수업을 듣는 기분으로 읽으며 적극적으로 손을 들어 발언해주기 바란다(편지나 인터넷을 통한 의견도 대환영이다).

자, 그럼 이제부터 '돈 바르게 쓰는 법' 수업을 시작하기로 하자.

| 차 례 |

1교시

세상에서
가장 소중한 것은
돈일까?

과제 '나의 보물'

1교시는 간단한 과제로 수업을 시작하기로 한다. 과제의 제목은 '나의 보물'이다. 이것은 고령자 대상의 한 시설에서 근무하는 지인이 회사 직원연수 때 해보았다며 나에게 추천해준 과제였다. 그래서 다소 복지시설에 한정되는 부분도 있지만 그것역시 이 과제가 갖는 매력의 일부이기에 수업에 적극 활용하고있다.

'나의 보물'은 실제로 학교 수업에서도 여러 번 해보았고 성인을 대상으로 한 시민강좌에서도 한 적이 있다. '나의 보물'은돈에 대해 내가 좋아하는 주제로 구성되어 있어 이 수업을 통해 매번 새로운 발견을 하게 된다.

진행법은 다음과 같다. 혼자 해도 되지만 여럿이 모여 함께 하면 다양한 생각을 접할 수 있어서 보다 유용하고 재미있다.

 나의 보물

준비
① 적당한 크기의 종이를 준비한다(B5 또는 A4 크기의 흰 종이).
② 종이를 9개로 자른다(아래 그림).
③ 한 장에 하나씩 '나의 보물'을 쓴다.

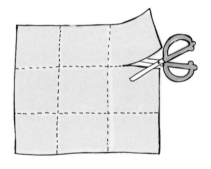

여기서 보물은 소중한 물건, 소중한 사람 등 그 범위가 넓다. 예를 들어 소중한 물건이라면 생일날 찍은 가족사진이나 유명

카드에 쓴 단어는 사람마다 다르다

인의 사인(Sign), 이 책의 주제인 돈도 적어 넣을 수 있다. 소중한 사람이라면 부모님, 친구 등을 들 수 있고 이 밖에도 먹는 것, 자는 것, 어릴 적부터 즐겨온 댄스나 스포츠, 취미 등 여러 가지 소재가 있을 것이다.

그렇게 자신이 소중하다고 생각하는 9가지를 선택해 한 장에 한 가지씩 적는다. 간혹 "저는 도저히 9가지나 떠오르지 않아요!"라는 사람도 있을 것이다. 그런 경우에는 옷, 집, 식료품 등 생활에 필요한 것들을 더해 9가지를 골라본다. 어쨌든 그것들도 자신에게 소중한 것들이니까.

여러분도 종이를 한 장 가져와 9칸으로 잘라서 '나의 보물'을 적어보자. 9장이 만들어졌으면 책상 위에 펼쳐 놓는다. 그것은 자신이 지금 소중하다고 생각하는 것들이다. 한마디로 현재 자신의 인생관을 그대로 보여주는 것이라고 할 수 있다.

얼핏 봐서는 서로 아무런 상관 없는 9장의 카드가 나열되어 있는 것 같지만 가만히 보면 그 공통점이 드러나고 자신의 인생 주제를 발견할 수 있다.

여럿이 모여서 함께하면 그 차이를 보는 것만으로도 충분히 재미있는데 이 과제는 지금부터가 진짜다.

진짜 '보물'은 무엇일까

지시 ①　지금까지 여러분은 카드의 '보물'과 함께 생활했다. 그러나 점차 나이가 들어서 할 수 없는 것들이 늘면 카드에 쓴 것들 가운데 몇 가지를 포기해야만 한다. 이제 9장 가운데 가장 먼저 포기할 3장을 골라 과감히 찢어버리자.

실제 수업 때는 이 대목에서 교실 안이 어수선해진다.

"앗, 그걸 어떻게 골라요!"

"9개 생각하라고 해서 간신히 채워 넣었는데, 이게 뭐야!"

"선생님, 꼭 3장 골라야 해요? 2장은 안 돼요?"

"어떡하면 좋아, '아빠'를 찢어버려도 될까……?"

나는 여기저기서 터져 나오는 비명에 아랑곳하지 않고 오히려 이렇게 몰아붙인다.

"여러분, 반드시 3장을 찢어버려야 해요. 그리고 그것을 찢는 순간의 기분을 잘 기억해두세요."

그러면 간단히 3장을 골라 찢어버리는 학생도 있지만 대부분은 상당한 시간을 들여 진지하게 골라낸다. 그중에는 쉽게 정하지 못해 울상을 짓는 학생도 있다.

진지하게 '보물'을 생각하고 마음을 담아 썼을수록 찢어버리기가 쉽지 않다. 그래도 마지막에는 모두가 카드 3장을 골라내어 찢어버린다. 독자 여러분도 신중하게 3장을 골라서 찢어버리자(이제 남은 카드는 6장이다).

지시 ② 한동안 남은 6장의 '보물'을 소중히 하며 생활했는데 점점 몸이 쇠약해져 집에서의 생활을 단념하고 시설에 입소하게 되었다고 상상해보자. 시설에는 여러 가지 제약이 있기 때문에 많은 것을 포기해야만 한다. 이제 6장의 카드에서 다시 3장을 골라 찢어버리자.

24

막연히 생각할 때는 다시 3장을 골라내는 두 번째 작업이 처음보다 힘들 것 같은데 실제로 해보면 그렇지 않다. 대부분 처음의 여세를 몰아 생각보다 빠른 속도로 3장을 고른다. 한 번 해봐서 익숙해진 덕분인지 대부분의 학생들이 시간을 많이 들이지 않고 곧바로 골라낸다. 마치 "좋아요, 3장을 골라서 찢어버리면 되죠?" 하는 느낌이다.

반대로, 처음에는 망설이지 않고 쉽게 3장을 골라냈는데 두 번째 고를 때 주저하는 사람도 있다. 처음의 3장은 다른 것들에 비해 상대적으로 마음이 덜 담겨 있기 때문일 수도 있다.

여러분은 어떨지 궁금해진다. 두 번째 3장은 골라내기 쉬울까, 아니면 더 망설여질까. 어느 쪽이든 3장을 골라내어 찢어버리자(이제 남은 카드는 3장뿐이다).

지시 ③ : 시설에 입소한 당신은 다행히 좋은 직원을 만났다. 그는 늘 친절하고 당신의 잦은 푸념도 묵묵히 들어준다. 그래서 그 직원을 의지하며 그럭저럭 잘 지냈는데 어느 날 그가 다른 곳으로 이동하면서 이곳에는 당신과는 잘 맞지 않는 까칠한 직원들만 남게 되었다. 당신은 이제 남은 3장의 카드 가운데 2장을 포기해야 한다. 한 장만 남기고 나머지는 찢어버리자.

세 번째 지시가 끝나자 교실은 다시 어수선해지고 여기저기
서 비명이 터져 나온다.

"말도 안 돼!"

"아, 나는 이제 더 이상 버릴 것이 없어!"

그도 그럴 것이 3장으로 압축된 카드는 쉽게 찢어버릴 수 없
는 정말로 소중한 것들뿐이다. 이 중에서 한 장만 남겨야 한다
는 것은 정말 극단적인 선택이 된다. 찢어버리는 데 저항이 생
길 수밖에 없다. 그래서 이때는 카드를 앞에 두고 한동안 이리
저리 눈알만 굴리는 학생도 꽤 있다.

독자 여러분도 곰곰이 생각하여 마지막으로 남길 한 장을
선택하자. 나중에 왜 그것을 남겼는지 설명해야 하므로 신중히
선택해야만 한다.

마지막까지 남긴 카드는 무엇일까

    이것은 자신이 인생에서 무엇을 중시하는지 생각해보는 과제다. 동시에 다른 사람들은 무엇을 소중히 여기는지 알아보는 과제이기도 하다.

    그래서 이 수업에서는 한 사람도 빠짐없이 발표를 한다. 딱히 어려울 것은 없다. 다음의 4가지 질문에 답하면 된다.

    ① 마지막까지 남은 카드에는 무엇이 쓰여 있습니까?
    ② 왜 그 카드를 마지막까지 남겼습니까?
    ③ 찢어버리기 가장 힘들었던 카드는 무엇입니까?
    ④ 그 이유는 무엇입니까?

여러분도 마지막까지 남은 한 장을 보며 왜 그 카드를 남겼는지, 또 어느 카드를 찢을 때 가장 힘들었으며 그 이유는 무엇이었는지 생각해보자.

학교 수업에서 학생들이 가장 많이 남긴 마지막 카드는 '가족'이었다. '나를 도와주고 사랑해주는 존재'라는 이유가 대부분인데 학생들이 생각하는 '가족'에는 아버지, 어머니가 큰 자리를 차지한다.

원래는 과제의 설정이 '자신이 늙었을 때'이기 때문에 그 시점에서는 부모가 존재하지 않는다는 것이 전제가 된다. 하지만 고등학생에게 '나이 든 자신을 상상하라'는 요구를 하는 것은 무리가 있기 때문에 그 부분은 언급하지 않고 수업을 진행한다. 미래에 가족 구성원에 변화가 생겨도 '가족은 소중하다'는 마음에는 변함이 없기 때문이다.

모두 과제에 진지하게 몰두한다. 이후 이어지는 과제 발표 시간에는 상상도 못했던 대답들이 우후죽순 쏟아져 나와 꽤 재미있다. 때로는 웃음이 터지기도 하고 숙연해지기도 하며 타인이 가진 다양한 생각들을 만나볼 수 있다. 어느 반이든 분위기 메이커가 있어 이런 주제를 만나면 수업 분위기가 한층 고조된다.

미나미노 : 지금부터 여러분의 발표를 들어봅시다. 먼저 아야
부터 말해볼까?

아야 : 제가 마지막까지 남긴 카드는 '남자친구'예요. 물론 제
일 좋아하니까 끝까지 남긴 거예요. 그리고 찢을 때
가장 괴로웠던 카드는 '가족'이었어요. 가족은 늘 나를
보살펴주고 언제나 소중한 사람들이라서 찢어도 될지
정말 고민했어요. 그래도 가족과는 언젠가 헤어지는
순간이 오겠지만 남자친구와는 절대 헤어지지 않을
거라서 남자친구를 마지막까지 남긴 거예요.

유이 : 뭐? 너, 지난번에는 걔랑 대판 싸우고 이제 모르는 인
간이라며!

아야 : 그야 그렇게 싸울 만큼 사이가 좋다는 거지! 넌 그것
도 모르니?

미나미노 : 자자, 그건 나중에 둘이서 다시 이야기하기로 하
고, 다음은 유지가 말해볼까?

유지 : 제가 마지막까지 남긴 카드는 '음악'입니다. 앞으로 음
악으로 먹고살 수 있을지는 잘 모르겠지만 어쨌든 음
악과는 평생 함께하고 싶기 때문입니다. 찢을 때 괴롭
고 망설여졌던 순간은 '돈' 카드를 찢을 때였습니다.

돈이 없으면 제대로 생활할 수 있을지 어떨지 정말 고
민됐어요.

도오루 : 유지는 재능이 있어서 잘할 거야. 언제나 우리가 응
원할게.

유야 : 맞아. 우리 반 모두가 유지의 팬이야.

유지 : 고마워. 열심히 할게.

미나미노 : 다음은 나쓰미가 말해보자.

나쓰미 : 나는 '웃는 얼굴'을 남겼어요. '생명'과 '웃는 얼굴'
둘 중 어떤 걸 골라야 하나 많이 고민했는데, 살아 있
어도 웃는 얼굴이 없으면 그다지 의미가 없다고 생각
했어요. 그래서 '생명' 카드를 찢고 마지막으로 '웃는
얼굴'을 남겼어요.

유키 : 와, 그것참 의미심장한걸. 너무 심오하잖아.

나나 : 네가 그런 생각을 하다니 앞으로는 달리 봐야겠어!

이렇듯 이 수업은 평소에는 좀처럼 볼 수 없던, 친구의 의외
의 면을 보게 되고 인생이란 무엇인지에 대한 친구들의 다양
한 생각과도 접할 수 있어 언제나 학생들의 뜨거운 호응을 받
는다.

어른들이 말하는 '나의 보물'

얼마 전부터 시민 대상 강좌에서 강의할 기회가 있었다. 그래서 이 과제를 성인 대상으로 몇 번 시도해보았다. 구성원 전부가 40대~80대인 남성들의 모임이다. 나 역시도 아저씨라서 강좌에 참가한 사람들이 어떤 카드를 남기고 어떤 말을 할지 무척 궁금했다.

그중 한 에피소드를 소개한다. 20명 정도의 참가자 가운데 7~8명이 '돈'을 남겼고, 역시 7~8명이 '아내'를 남겼다. 이때 상당히 흥미로운 대화가 오갔다.

A : 제가 마지막까지 '돈'을 남긴 이유는 이렇습니다. 역시 이

세상에서는 돈만 있으면 뭐든 할 수 있으니까요. 아내나 자식도 마지막까지 고민했는데 역시 가장 중요한 것은 돈이죠. 돈만 있으면 간병도 받을 수 있잖아요.

B : 맞아요! 아내나 자식도 결국 못 믿어. 돈이 최고야, 돈이.

C : 꼭 그렇진 않아요. 역시 믿을 건 아내뿐이에요.

D : 나는 최종적으로 '건강'을 남겼습니다. 처음에는 '돈'으로 할까 했는데 잘 생각해보니 아무리 돈이 많아도 치매 같은 병에 걸리게 되면 돈을 누가 어떻게 쓰는지도 모르게 되잖아요. 역시 '건강'이 최고인 것 같아요.

B : 치매라……. 나는 내가 치매에 걸린다는 생각은 한 번도 해본 적이 없는데……. 만약 그렇게 되면 정말 아무리 돈이 많아도 나를 위해 쓰일 거라는 보장이 없네요.

A : 하지만 아무리 건강해도 돈이 없다면 그것도 문제가 아닐까요?

B : 그렇죠, 역시 건강하고 돈도 어느 정도 가지고 있는 것이 제일이네요. 선생님, 카드를 2개 남기면 안 됩니까? 안 된다고요? 그렇군요. 그럼 역시 아내를 남기는 수밖에 없는 건가? 그 사람은 나를 배신하지 않겠지?

미나미노 : 그거야말로 대단한 모험인데요.

아저씨들의 보물은 무엇일까?

C : 선생님, 아내를 믿으세요. 하하하.

이 어른들의 이야기를 듣고 여러분은 무엇을 느꼈을지 궁금하다. 어른들 중에도 돈만 있으면 된다고 생각하는 사람이 정말 많다. 그러나 돈이 넘쳐나도 돈을 관리할 능력이 없다면 그 돈이 자신을 위해 쓰일 거라는 보장은 없다. 이때 주어진 과제의 전제는 '자신의 몸이 쇠약해졌을 때'라서 상당히 재미있는 대화가 이어졌다. 그때는 '특정인이 아니어도 신뢰할 누군가가 옆에 있다면 그것이 행복'이라는 결론이 났다.

물론 '돈'과 '아내' 이외의 카드를 남긴 경우도 있었다.

E : 저는 '대화 친구'를 남겼습니다. 항상 말하기를 좋아해서 제 곁에는 언제나 대화 상대가 있어야 하거든요. 돈도 어느 정도는 필요하지만 노인 요양 시설에 들어간다는 전제니까 기본적인 생활은 어떻게든 되지 않겠어요? 그렇다면 더욱 중요한 것은 '대화 상대'죠. 저는 제 말을 들어줄 사람만 있다면 살아갈 수 있을 것 같아요.

무척 차분한 어투로 얘기하는 그를 위해 나는 당장이라도 그의 '대화 친구'에 등록하고 싶어졌다. 대인관계를 중시하는 진지함이 그의 어투에 그대로 담겨 있었다.

이 책을 읽는 독자 중에는 중년의 학부모도 있을 것이다. 학부모 여러분은 무엇을 남겼을까? 그 이유는 무엇일까? 그런데 남의 일 같지 않은 너무 현실적인 과제라서 사람에 따라서는 과제 자체를 힘들어하는 경우도 있다. 무리는 하지 말자.

이때는 '젊은 시절이었다면 무엇을 쓰고, 무엇을 남겼을까'에 대해 생각해본다면 더 재미있지 않을까 싶다. 그렇다면 분명히 지금과는 다른 생각을 했을 것이다.

젊은 사람이라면 어느 정도 나이가 들었을 때 무엇을 남기고 싶을지에 대해 생각해보는 좋은 기회를 가질 수 있다. 이렇게 시점을 바꾸면 남기고 싶은 것이 달라진다. 만약 '지금의 자신'과 '미래의 자신'이 남기고 싶은 것이 다르다면 그 이유에 대해서도 생각해보자.

젊은 자신과 나이 든 자신. 두 가지 시점에서 인생을 생각하는 것으로 자신의 '진짜 보물'을 발견할 수 있다. 이 과제로 '여러분 인생의 우선조건'을 꼭 찾기 바란다.

우리가 찢어버린 카드에도 중요한 역할이 있다. '보물'로 뽑

했다가 버려진 이 카드들을 찢을 때의 아픔과 정도가 그 중요
성을 나타낸다.

인생에서 완전한 소유는 없다. 살다보면 자신의 것이라고 생
각했던 물건, 일, 사람도 결국 온전히 자신의 것은 아니다. 자신
의 육체조차 그렇다. 그것은 누구도 피할 수 없는 사실이다.

그러나 반대로 '그러니까 더욱 소중히 하자'고 생각할 수 있
다. 잃을 때의 아픔을 상상해서 그것이 곁에 있는 '지금 이 순
간'의 소중함을 다시 느끼게 되기 때문이다.

본격적으로 돈에 대한 수업을 시작하기 전에 자신이 무엇을
소중히 생각하는지 지금 알아두는 것은 무척 의미 있는 작업이
다. 소중한 것은 순간순간 변한다. 이 과제가 아니더라도 우리
가 살아가면서 가끔씩 '지금의 나는 무엇을 소중히 여길까' 하
는 질문을 스스로에게 묻는 시간을 갖자고 제안한다. 우리의
의미 있는 삶을 위해 말이다.

복권을 샀다! 1등에 당첨됐다!

아마도 중고생인 여러분이 직접 자신의 돈으로 복권을 구입해본 경험은 거의 없을 것이다.

일본의 경우를 들어본다. 연말점보복권은 1장에 3천 원이다. 당첨 보장도 없는데 돈을 주고 사기에는 학생들에게 부담이 될 수 있다. 그런 곳에 돈을 쓰느니 좀 더 의미 있는 데 쓰고 싶은 사람도 있을 것이고, 한두 장쯤 운을 시험하기 위해 사보고 싶은 사람도 있을 것이다.

어른들 중에는 한 번에 100장(30만 원어치)을 사는 경우도 흔하고 개중에는 1천 장(300만 원어치), 혹은 그 이상의 분량을 사는 사람도 있다. 일확천금을 꿈꾸는 것이다.

연말점보복권처럼 대형 복권의 상금은 시대가 변하면서 조금씩 증가했다. 최근에는 1등 당첨금이 전후상(1등 번호의 앞뒤)을 포함해 30억 원이다.

30억 원은 '대졸 직장인의 생애 임금(평생 받는 월급의 합계 금액)'과 거의 같은(최근에는 약간 차이가 있다) 액수이기 때문에 가정과 수업에서는 다음과 같은 소재로 자주 설명한다.

"복권 1등 당첨금은 30억 원이에요. 대졸 직장인의 생애 임금도 그쯤 됩니다. 간혹 복권 1등에 당첨만 되면 평생 놀며 살겠다는 사람이 있는데 당첨금이 대졸 직장인의 생애 임금과 같다면 일하지 않고 생활할 수는 있어도 평생 놀며 살 수는 없어요. 게다가 일하지 않으면 직장연금에도 가입하지 못하는데, 국민연금만으로는 불안하다 싶으면 노후자금을 남겨둬야 할 필요가 있죠. 그래서 만약 복권에 당첨되면 저축 잔고를 노려보며 직장인 때보다 더욱 검소한 생활을 해야겠다고 결심하고 누구보다 계획적인 생활을 하는 것이 당첨자의 올바른 모습이겠죠? 하하하."

그러다 2012년에 발표된 하나의 사실이 나를 놀라게 했다. 연말점보복권의 전후상을 포함한 1등 당첨금이 60억 원으로 늘어난 것이다. 30억 원과 60억 원은 얘기가 달라진다. 60억 원이 있으면 30억 원으로는 생활비를 해결하고 나머지 30억 원은 자유롭게 쓸 수 있다는 의미가 된다. 학생들의 생각은 어떨지 궁금해서 다음과 같은 설문조사를 해보았다(당시의 설문조사 내용은 다음과 같다).

과제 복권 1등에 당첨되어 60억 원을 받게 된다면?

( )년 ( )반 이름 : _____

당신은 취업이 확정된 고등학교 3학년 학생이다. 성적도 문제없이 졸업할 수 있을 정도다. 연말의 어느 날, 아르바이트비를 받고 집에 돌아가는 길에 자신의 운도 시험해볼 겸 연말점보복권을 연이은 번호로 10장 구입했다. 드디어 발표 날이 됐다.

이럴 수가! 정말로 1등에 당첨되어 총 60억 원을 받게 되었다. 여기서 질문이다.

① 당첨금 60억 원을 어떻게 사용할까?

② 일을 포함해서 앞으로 어떻게 생활할까?

③ 60억 원에 당첨된 결과로 예상되는 좋지 않은 일은 무엇
   일까?

④ 60억 원 당첨이 결혼상대나 결혼생활에 미치는 영향은
   무엇일까?

⑤ 마지막으로, 당신은 정말 60억 원 당첨을 목적으로 하여
   복권을 사겠는가? 사겠다고 생각하는 사람, 사지 않겠다
   고 생각하는 사람 모두 그 이유를 말해보자.

　　학생들의 반응에 대해서는 이후에 설명하기로 하고, 먼저 복
권에 대해 좀 더 알아보자. 복권 사업은 판매액의 약 50%를 상
금으로 사용하는 형태로 운영된다. 2012년 연말점보복권의 경
우는 다음과 같다. (우리나라는 복권위원회 www.bokgwon.go.kr에
서 복권의 역사 및 관련 통계를 확인할 수 있다 — 옮긴이)

■ 2012년 연말점보복권

- 1장 가격 — 3천 원

- 한 유닛 당 1,000만 장(300억 원어치) 발행

  (일본의 복권은 유닛unit, 조組, 번호로 나뉘는데, 번호는 100,000

  번부터 199,999번까지의 10만 장을 1조로 한다. '조'는 1조부터

  100조까지 있다. 1조 100,000~199,999번, 2조 100,000~199,999

  번…… 100조 100,000~199,999번까지다. 즉, 10만 장 단위가

  100조 있으므로 10만 장×100조=1,000만 장이다. 이것이 한 유

  닛이다. 1장에 3천 원이므로 1,000만 장은 300억 원이다.)

- 발행예정 유닛 수 — 368유닛(실제로 판매한 것은 61유닛)

- 각 유닛의 당첨 금액과 당첨 장수 및 배당률은 다음과 같다.

1등	40억 원	1장	13.3%
1등 전후상	10억 원	2장	6.7%
1등의 아차상(조가 다른 번호)	1백만 원	99장	0.3%
2등	3억 원	3장	3.0%
3등	1천만 원	100장	3.3%
4등	1백만 원	1,000장	3.3%
5등	3만 원	100,000장	10.3%

6등	3천 원 1,000,000장 10.3%

배당 합계 : 약 50%

❖ 상금으로 사용되는 것은 300억 중 150억 원(경마 등의 배
   당률은 약 75%)
   • 1장(3천 원)을 사서 얻을 수 있는 상금 기대액
   ……▸ 약 1,500원
   • 1장(3천 원)을 사서 1등에 당첨될 확률
   ……▸ 1,000만 분의 1(〈미즈호 은행〉 홈페이지)

계산을 간단히 하기 위해 그해 연말점보복권 총 판매액을
60유닛인 1조 8천억 원이라고 하면 50% 배당이므로 약 9천억
원이 된다. 인쇄 및 판매에 드는 경비가 약 10%라고 하면 약 1
천8백억 원. 약 9천억 원에서 1천8백억 원을 뺀 나머지는 7천
2백억 원이다. 이 액수가 복권판매로 생기는 이익이다. 그러면
이 이익금은 누가 챙길까?

복권판매의 이익금은 각 지방단체가 갖는다. 복권은 '복권
법'이라는 법률에서 정하는 20곳의 지정도시와 각 광역자치단
체가 총리의 허가를 받아 발행 및 판매하는 구조로, 예를 들어

오사카 시(市)에서 판매한 복권의 판매금액은 오사카 시의 수입이 되고, 다른 자치단체가 판매한 것은 그 지역의 수입이 된다. 그리고 당첨금과 경비를 제외한 수익금은 주로 공공사업에 사용된다.

즉, 복권이라는 형태로 세금을 모으는 것이다. 세금은 무조건 적게 내려고 하는데 복권이라는 형태로 하면 자발적으로 수십, 수백만 원을 내는 사람이 나타나기 때문에 자치단체는 복권발행과 판매를 멈출 수 없다.

이쯤 되면 "그렇게 많은 이익이 남는다고? 그렇다면 나도 복권을 만들어 팔고 싶다!"라는 마음도 들 것이다. 그러나 개인이 복권을 판매하는 것은 범죄행위로 처벌받기 때문에 실행에 옮기기에는 불가능하다.

일본 형법에는 "허가없이 복권을 발매한 자는 2년 이하의 징역 또는 1천5백만 원 이하의 벌금형에 처한다고 되어 있다." (우리나라는 〈형법 제23장〉에서 "법령에 의하지 아니한 복표를 발매한 자는 3년 이하의 징역 또는 2천만 원 이하의 벌금에 처한다"고 되어 있다 — 옮긴이)

이번에는 설문조사에 대한 학생들의 답을 살펴보자. 내심 홍미로운 생각이 담긴 답변을 많이 기대했는데 막상 살펴보니 대다수가 맥 빠지는 답변이었다.

'60억 원을 어떻게 사용할까?'라는 질문에는 대부분 '집의 빚을 갚고 나머지는 저축한다', '부모님께 드린다', '옷이나 사고 싶은 것들을 사고 나머지는 저축한다'는 식으로 '실컷 논다'거나 '다 써버린다'는 (내가 기대했던) 식의 나이에 걸맞는 자유분방한 답은 거의 나오지 않았다.

'복권이 당첨되어도 계속 일을 할까?'라는 두 번째 질문에는 '복권에 당첨되어도 일은 평소처럼 하겠다'는 대답이 90%가 넘었다.

'복권에 당첨되면 예상되는 나쁜 일'을 묻는 세 번째 질문에는 '모르는 친척이 갑자기 나타난다', '돈을 보고 접근하는 사람이 많아질 것 같다', '범죄의 표적이 될 것 같다'는 답변 외에 '일에 집중하지 않아 실패할 것 같다', '금전감각을 잃을 것 같다'는 현실적인 대답도 많았다.

네 번째의 '결혼에 관한 질문'에는 '화려하게 치를 것 같다', '해외에서 식을 올리겠다'는 답도 있었는데 '평범하게 하겠다'는 학생이 더 많았다. 단, 복권 1등에 당첨된 사실은 '결혼 상대에게 알리지 않겠다'고 쓴 사람이 대다수였다. 이렇듯 어려도 알 건 다 안다.

'복권을 살까, 사지 않을까'라는 마지막 질문에서는 의견이 나뉘었다. '산다'는 사람과 '사지 않는다'는 사람이 거의 반반이었다.

'사지 않는다'는 사람 중에는 '사도 당첨되지 않으니까'라는 이유가 가장 많았고 간혹 '내 생활비는 직접 벌고 싶다'는 고등학생의 귀감이 될 법한 학생도 있었다. '산다'는 쪽에서는 '한 방 터뜨려 보고 싶다'는 이유가 많을 거라고 생각했는데 사실은 완전히 반대였다. 하나같이 1등에는 당첨되지 않을 거라면서도 '설렘을 느껴보고 싶다', '잠시라도 꿈을 꿔보고 싶다'는 이유로 복권을 살 거라고 대답했다.

앞의 자료에서 보았듯이 복권에 당첨될 확률은 매우 낮다. 그래서 '당첨된다'거나 '당첨되어서 꼭 어떤 것을 하자'라는 목표가 아니라 '재미로 즐기는 여유'로 생각해야 한다. 복권이 아니면 안 된다는 생각을 갖고 구입해서는 안 된다는 것을 학생들도 잘 알고 있었다.

그러나 현실에서 당첨금 액수는 점점 커지고 있다. 나중에는 해외 복권처럼 수백억 원에 이를지도 모른다. 하지만 당첨금만 노려 복권을 구입하는 사람이 늘지 않았으면 좋겠다.

1970년대 일본에서는 4인조 보컬그룹 유카단(憂歌團)의 노래가 크게 유행했다. 당시에는 복권 한 장에 1천 원이었고, 1등 당첨금이 1억 원이었다. 그들의 인기곡 중 한 곡의 가사를 보면 우습기도 하고 슬프기도 한데 듣는 이에 따라 여러 가지 해석이 가능한 노래라서 소개한다.

〈맞아라! 복권〉

아침 일찍 천 원을 들고
사러 간다 1억
이번이야말로 내 차례다
1년 내내 일해도
돈은 안 쌓이고
느는 것은 빚뿐이지
※맞아라! 복권, 맞아라! 복권
맞아라! 복권, 맞아라! 복권
이번에야말로 내 차례다
이 집과도 바이바이
장사해서 돈도 벌고

이번이야말로 이번이야말로

(※반복)

맞아라! 맞아라! 맞아라! 맞아라!

맞아라! 맞아라! 맞아라! 맞아라!

이번에야말로 1억이다

돈과 사회,
사람과의 관계

돌고 돌아서 돈이다

우리는 풍요로운 시대에 살고 있다. 이제 식량이 부족하다거나 생필품이 부족하다는 얘기는 주변에서 흔히 듣지 못하게 됐다. 물론 지진이나 큰 재해가 발생하면 일시적으로 생필품이 부족한 사태가 일어나지만 평소에는 식료품이건 의료품이건 돈만 있으면 얼마든지 살 수 있다.

그렇다, 돈만 있으면 된다! 이렇게 물건이 넘쳐나고 남아돌아서 심지어 버리기까지 하는 세상이 아닌가.

그러나 돈이 없어 당장 끼니를 걱정해야 하는 사람이 있는가 하면 빈집이 사회문제가 될 정도로 늘어나는데도 여전히 살곳이 없어 노숙하는 사람도 있다. 생각해보면 우리가 살아가는 이곳은 모순이 많은 이상한 세계지만 분명한 것은 돈이 없으면 아무것도 할 수 없다는 것이다.

흔히 말하듯 돈은 '돌고 돌아서 돈'이다. 수많은 책에서도 돈은 한 사람에게 머물지 않고 빈부는 고정된 것이 아니라고 강조한다. 결국 '돈은 사람에게서 사람으로 돌고 돌기 때문에 지금은 가난해도 언젠가 나에게도 돌아온다. 그러니 더 열심히 노력하자'는 의미일 것이다.

돈에 대한 상식으로 쓰이는 이런 말들은 기본적으로 빈곤해서 어렵게 생활하는 사람을 격려할 때 많이 쓰지만 때로 '당장은 풍요로워도 언젠가 가난해질 수도 있으니 너무 우쭐하지 말라'는 경계의 의미로 쓰이기도 한다.

많이 가진 자, 적게 가진 자 어느 쪽이든 빈부의 차는 고정된 것이 아니므로 포기하거나 우쭐하지 말자, 그러므로 언제나 성실하고 진지하게 일하는 게 옳다는 의미의 말들이 우리가 흔히 듣는 돈에 대한 상식일 것이다. 그러나 세상을 둘러보면 정말 그 말이 맞는지 의심이 드는 상황이 많다. 실제로 국제적인 통계를 보면 빈부의 차이는 점점 더 크게 벌어지고 있다.

이제 '상대적 빈곤율'에 대해 알아보기로 한다. 경제협력개발기구(OECD)에서는 '소득을 세대인수로 나눠 높은 순서로

한 줄로 세웠을 때 정확히 중간에 서게 되는 사람의 소득액인 중위소득에 절반도 못 미치는 소득을 버는 인구 비율'이라고 정의한다. 여기서의 소득은 '실제 자신이 쓸 수 있는 돈 = 가처분소득(소득에서 세금 및 각종 공제금을 빼고 남는 소득)'을 말한다.

예를 들어 중위소득이 2,540만 원이면 그 절반인 1,270만 원 이하인 사람은 상대적 빈곤층이 된다(실제 통계에서는 1인 가구는 1,270만 원 이하, 2인 가구는 1,800만 원 이하, 3인 가구는 2,240만 원 이하, 4인 가구는 2,540만 원 이하라는 식으로 세대 단위로 계산된 기준치를 사용한다).

2009년 일본의 상대적 빈곤율은 16.0%로, OECD 국가(34개국) 가운데 이스라엘(20.9%), 멕시코(17.4%), 터키(19.3%) 칠레(18%), 미국(17.4%)에 이어 6번째로 높았으며 OECD 평균인 11.3%보다도 높았다. 뿐만 아니라 어린이 빈곤율도 매해 상승하고 있다. (우리나라의 2009년도 상대적 빈곤율은 15.3%였다 — 옮긴이) 후생노동성의 2014년 조사에 의하면 상대적 빈곤율(16.1%), 어린이 빈곤율(16.3%)은 최고 수치를 나타냈다.

일본은 한부모 가정의 빈곤율이 높은 것이 특징이다. 그중에서도 모자가정은 50% 이상이 빈곤선을 넘는다. 일본에서는 아버지 없이 어머니가 생계를 책임질 경우 생활에 어려움을 겪기 쉬운 사회 구조라고 할 수 있다.

모자가정의 빈곤율을 보면 일을 해도 여전히 빈곤율이 높은 일본 특유의 상황을 짐작할 수 있다. 실제로 모자가정의 취로율은 85%로 높은 편이지만 그중 70% 가정의 연소득이 2천만 원 미만이다.

이런 배경에는 일과 생활의 조화를 이루기 불충분한 현상에서 여성은 육아, 간병 등으로 일을 중단하기 쉽고 세제(稅制)나 사회보장제도 면에서도 '상대적으로 낮은 수입에 불안정한 비정규 고용직으로 일하기 쉬운 취업구조'라는 문제가 있다. 또 그런 노동방식이 축적된 결과로 여성의 연금수준이 낮아 고령기의 경제기반이 약할 수밖에 없다.

나는 전작인 《팬티 바르게 개는 법》에서도 경제적 자립의 중요성과 일하는 의미에 대해 설명했는데 이 책을 통해서 그 두 가지에 대해 좀 더 진지하게 생각했으면 한다. '자신의 생활을 유지할 식량을 스스로 어떻게 마련해야 할까'라는 문제는 인생 전반을 통틀어 가장 기초적이고 중요한 문제다.

일본 내각부의 《어린이 · 젊은이 백서(2014년판)》을 보면 "경제적인 이유로 취학원조를 받는 초등생과 중학생은 2012년 155만 명으로, 1996년 조사를 시작한 이래 처음으로 감소했는데 그 주요 원인은 어린이의 수가 전체적으로 감소했기 때문이다. 취학 원조율은 최근 10년간 지속적으로 상승해 2012년에는 과거 최고치인 15.64%까지 올랐다"고 한다. 이런 현실과 어린이 빈곤율 상승으로 인해 정부도 적극적으로 대책을 세우고 있고 2014년 여름에는 '어린이 빈곤대책 개요'를 책정해 다양한 지원에 나서고 있다.

물론 "세상에는 더 가난한 사람도 얼마든지 있다!"고 말하는 사람이 있을 것이다. 사실이다. 반면에 같은 나라에서 살며 똑같이 일을 하는 사회에서 가난한 사람이 이렇게 많다는 것은 좀처럼 이해가 되지 않는다는 의견도 있다. 그렇다면 돈은 돌고 돈다는 것이 과연 맞을까. (2012년 우리나라의 빈곤율은 16.5%로, OECD 국가 중 6번째로 높았다. 수치가 높을수록 가난해서 먹고 살기 어려운 사람들이 상대적으로 많다는 뜻인데, 2012년 우리나라의 중위소득 50%에 해당하는 빈곤층 기준은 연소득 1,068만 원이었다. 1,000명 중 165명의 연소득이 1,068만 원(월 89만 원)도 안 됐다는 의미다. 여성의 빈곤율은 18.4%로 남성 빈곤율(14.6%)의 1.3배에 달했다. 은퇴 연령층(65세 이상) 가구도 빈곤율이 50.2%로 30대 개인 빈곤율(9.0%)을 크게 웃돌았다. 특히 70세 이상은 53.9%에 육박했다 — 옮긴이)

[표1] 빈곤율 연차추이

	상대적 빈곤율(%)	어린이 빈곤율(%)	자녀가 있는 현역 세대(%)		
				어른 1명	어른 2명
1985년	12.0	10.9	10.3	54.5	9.6
1988년	13.2	12.9	11.9	51.4	11.1
1991년	13.5	12.8	11.7	50.1	10.8
1994년	13.7	12.1	11.2	53.2	10.2
1997년	14.6	13.4	12.2	63.1	10.8
2000년	15.3	14.5	13.1	58.2	11.5
2003년	14.9	13.7	12.5	58.7	10.5
2006년	15.7	14.2	12.2	54.3	10.2
2009년	16.0	15.7	14.6	50.8	12.7
2012년	16.1	16.3	15.1	54.6	12.4

- 일본 후생노동성 〈2013년 국민생활기초조사〉를 토대로 작성.
- 어른이란 18세 이상, 어린이는 17세 이하의 사람을 말하며 현역세대는 세대주가 18세 이상 65세 미만인 세대를 말함.

'보이는 돈'과 '보이지 않는 돈'

보통 '내 돈'이라고 하면 저축을 포함해서 자유롭게 쓸 수 있는 돈을 말한다. 앞서 설명한 가처분소득이다. 우리는 집세를 비롯해 광열비, 식비, 학원비를 내고 때로 영화 감상과 콘서트를 즐기는 등 매일의 일상 생활에 필요한 돈을 가처분소득으로 해결한다.

그렇다면 자신의 가처분소득으로 생활을 유지한다고 생각하면 될까? 일반적으로는 단순히 그렇게 생각하는 경향이 강하지만 사실은 그렇지 않다. 가처분소득은 실제로 손에 쥐는 '눈에 보이는 돈'이라고 알기 쉬운데 우리 생활의 기초가 되는 부분을 유지하는 '보이지 않는 돈'도 있다. 그렇다면 보이지 않는 돈이란 무엇일까?

교실에서라면 "보이지 않는 돈이라고? 그게 뭐야?" 하고 웅성거리는 동시에 이런저런 다양한 답들이 튀어나올 것이다.

'보이지 않는 돈'이란 '보이는 돈'을 쓸 수 있는 환경이다. 사회 또는 국가로 바꿔 말할 수 있다. '보이는 돈'인 통화를 교환 수단으로 안심하고 사용하려면 사회가 안정되어야 한다. 그것이 절대조건이다. 사회를 안정시키기 위해서는 막대한 비용이 든다. 비용은 국민이 내는 세금으로 충당되는데 그 규모가 너무 커서 자신이 그 일부를 부담한다는 실감을 하기 어렵다. 그래서 개인에게는 '보이지 않는 돈'이 되어버린다.

예를 들어 일본의 경우 1만 엔(10만 원) 지폐를 만드는 데 '약 160원'의 비용이 든다. 원래는 160원의 가치밖에 없는데 1만 엔으로 통용되는 것은 그것을 발행하는 국가에 대한 신용 덕분이다. 국가를 신용하지 않으면 국가가 발행하는 돈은 전부 종잇조각이 되어 버린다.

우리는 돈이 종잇조각이 된다는 것을 쉽게 상상하기 어려운데 통화를 발행하는 국가를 백화점, 돈을 상품권에 비유하면 이해하기 쉬울 것이다. 상품권은 그것을 발행한 백화점에 가면 돈처럼 사용할 수 있는데 상품권이 제 가치를 하는 것은 백화점이 정상적으로 영업하는 동안뿐이다. 백화점이 망해버리면 그곳의 상품권을 수백만 원어치 가지고 있어도 종잇조각, 혹은 장난감 돈이나 다를 것이 없다.

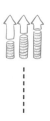

'보이지 않는 돈'으로 유지되는 '보이는 돈'

이야기를 단순화해보자. 우리가 일해서 돈을 벌면 먼저 자신이 생활하는 환경을 정비하기 위한 돈을 내고 사회 전체를 안정시킨 다음 남은 돈을 각자 자유재량으로 사용한다.

여기서 말하는 '보이지 않는 돈'의 대표적인 것이 세금과 사회보장비인데 가처분소득으로 지불하는 전기세, 가스비, 수도세, 교통비, 고속도로 통행료도 '보이는 돈'인 동시에 사회를 유지하고 안정시키기 위해 꼭 필요한 비용이다. 이것을 공공요금이라고 하고 민간 기업이 경영해도 역시 공공요금이 된다.

국가나 기업은 공공요금 덕에 각 가정에 수도, 전기, 가스를 공급하며 하수시설을 정비하고 쓰레기를 처리해준다. 또 학교를 짓고, 도로와 철도를 정비한다. 화재가 발생하면 소방차가 출동하고 경찰이 지역을 지켜주는 시스템은 개인의 힘으로 할 수 없는 것들이다. 우리가 매일 안심하고 살기 위해서는 이처럼 생활의 기본을 성립시켜주는 사회 인프라(Infra)의 정비가 전제가 되어야 하고, 그 대부분은 '보이지 않는 돈'에 의해 유지된다.

국세청이나 각 지역의 세무서 홈페이지에는 사회 인프라, 즉 민간회사에서 만들기 어려운 공공시설이나 공공서비스에 얼마의 비용이 드는지 상세히 밝혀두고 있다.

일본의 경우 경찰 · 소방비는 총 50조 5,590억 원으로, 국민 1인당 환산하면 약 39만 5,000원이 들고 쓰레기 처리비용은 20조 9,370억 원으로 1인당 약 10만 6,300원을 부담하는 셈이다. 국민의료비의 공비(公費) 부담액은 1인당 115만 8,690원이 든다. 신호기는 1대당 2,400만~4,700만 원이 드는데 일본 전국에 19만 대가 있다.

만일 세금 보조가 없다면 우리가 구급차를 이용하는 데 1회에 40만~50만 원을 지불해야 한다. 좀 더 깊이 생각하면 먹는 것을 비롯해 입는 것, 사는 장소도 여러 사람이 만들어주는 덕분에 존재하는 것이므로 아무리 돈이 많아도 만드는 사람이 없

공공서비스

공공시설

주변의 공공서비스, 공공시설

으면 얻을 수 없다. 그런 의미에서 한 사람 한 사람의 노동이 사회의 보물이고 서로의 수고 덕분에 각자의 생활이 가능한 것이다. 그리고 그 수고를 나누는 수단으로 돈이 사용된다. 그래서 어떤 이유로 인해 쿠데타가 일어나거나 나라의 경제가 우려할 만한 상황으로 악화된다든가 혹은 사회가 불안해져서 '서로 수고한다'고 인정하는 신뢰의 원칙이 무너지면 돈의 가치는 없어지고 값어치 없는 휴지조각이 되고 마는 것이다.

'보이지 않는 돈'이 사회를 유지해주는 덕분에 우리는 '보이는 돈'으로 쇼핑도 즐길 수 있다. 직장인의 급여명세표를 확인하면 '보이지 않는 돈'의 일부를 눈으로 확인할 수 있다. 그러므로 여러분에게 가족이나 친지의 급여명세표를 자세히 들여다 볼 것을 제안한다.

급여명세표로 사회를 볼 수 있다

우리 사회에는 회사에서 월급을 받고 생활하는 직장인의 모습으로 살아가는 사람이 많다. 직장인이 받는 급여명세표에는 기본급과 수당 외에 세금과 사회보장비 등이 표시되어 있는데 이것을 보면 일반적인 사회의 인식을 알 수 있다.

아래의 표는 일반적인 일본 직장인 급여명세표의 예로 회사나 지역에 따라 수당과 세율이 다르지만 이 표를 토대로 하여 간단히 설명하기로 한다. (우리나라에서는 크게 소득 내역과 공제 내역으로 나뉘는데 소득의 경우 기본급 외에 시간외수당, 직책수당, 가족수당, 월차수당, 생리수당, 기타 등이 있고, 공제 내역에는 갑근세(근로소득세), 주민세, 국민연금, 건강보험, 고용보험, 기타 등으로 되어 있

다 — 옮긴이)

  '기본급'은 월급의 기본이 되는 금액으로 나이, 근무연수, 직위에 따라 정해진다. '조정수당'은 제도가 있는 곳도 있고 그렇지 않은 곳도 있는데 급여 지불 조정에 사용되는 경우가 많다. 예를 들면 보너스 계산을 할 때 조정수당을 포함할지 어떨지의 여부는 회사에 따라 각기 다르다.

  '잔업수당'은 시간외수당이라고도 하며 근무시간 외 시간에 일한 만큼 받는 급여다. 일한 시간대와 요일에 따라 기본급의 1.2배 또는 1.5배를 지불해야 한다.

  부양수당, 주거수당, 출근수당은 회사에 따라 마련되어 있기도 하고 그렇지 않은 경우도 있다. 금액도 회사마다 다르다. '부양수당'은 수입이 없는 가족을 부양할 경우 지불되는 수당

[표2] 급여명세표의 예

번호 123456789	이름 ○○○					공제지급액 2,054,090원	
기본급	임원수당	조정수당	잔업수당	부양수당	주거수당	출근수당	총지급액
1,852,600	0	186,000	155,000	0	200,000	180,500	2,574,100
건강보험	후생연금	고용보험	개호보험	소득세	주민세	조합비	공제액
91,780	182,560	12,870	0	60,800	152,000	20,000	520,010

이고 '주거수당'은 주로 임대주택을 빌릴 때의 집세 보조금이다. '출근수당'은 출퇴근에 드는 교통비를 말한다.

지급액 합계인 '총지급액'을 보면 2,574,100원이라고 쓰여 있다. 하지만 위의 공제지급액은 2,054,090원이다. 우리가 실제로 받는 것은 공제지급액이므로 총지급액보다 50만 원 넘게 줄어든 액수를 받게 된다. 이것이 공제액이다.

'공제액'은 처음부터 제외하는 금액이다. 이 사람의 경우는 건강보험, 후생연금(우리나라의 퇴직연금 — 옮긴이), 고용보험, 개호보험(介護保險, 장애나 중증 후유장애로 인해 스스로 생활하지 못하고 타인의 돌봄이 필요한 사람을 위해 실시하고 있는 일본의 간병보험으로 2000년도에 도입된 의무적 사회보험제도. 우리나라의 노인장기요양 보험이 여기에 해당한다 — 옮긴이), 소득세, 주민세, 조합비가 공제된다. 이것이 '보이지 않는 돈'이다. 사회를 유지하기 위해 모두가 내는 돈, 한마디로 사회적인 회비라고 할 수 있다.

'건강보험료'는 주로 의료비 보조에 사용된다. 질병 등으로 병원을 찾았을 때 보험증을 내면 실제 드는 돈의 30%(연령에 따라서는 20%)만 병원에 내면 된다. 일본은 고액요양비제도가 있어서 한 달에 일정액 이상의 의료비가 들 때 환불받을 수도 있다.

'후생연금'은 후생연금보험법에 의거해 주로 민간기업의 노동자가 가입하는 공적 연금제도다. 보험료를 내면 장래에 연금을 받을 권리를 얻는 동시에 현재 연금을 수령하는 사람들에게 지불되는 자원으로 사용된다. 저출산 고령화 사회를 맞아 장래에는 연금에 가입한 사람들에게 지속적으로 지불할 수 있을지에 대해 연금재정 상황을 염려하는 목소리도 적지 않지만 연금제도를 없애버리면 생활에 어려움을 겪는 노인이 크게 늘어 국가 자체가 안정을 잃게 된다. 그러므로 위험 요소를 재검토하면서 보다 나은 제도로 만들기 위한 노력이 더욱 필요하다.

'고용보험'은 회사가 도산하거나 해직으로 일자리를 잃은 경우 혹은 질병, 부상으로 일할 수 없게 되었을 때 필요하다. 이런 경우 교육훈련을 받고 싶은 사람을 위해 안정된 상태에서 일자리를 찾고 한 단계 발전할 기회를 만들어 주어 회복에 집중할 수 있도록 일정 기간 실업급여를 보장하는 제도다. 이 외에도 육아휴직이나 요양휴직 등 다양한 사업으로 노동자를 지원한다.

'소득세'는 국가에 내는 세금으로 수입액에 따라 금액이 정해진다. '주민세'는 자신이 사는 자치단체에 내는 세금으로 전년도 수입에 대해 과세된다. 일본의 경우에는 일을 그만두어 현재 수입이 없어도 전년도에 수입이 있으면 과세가 되므로 주의해야 한다.

〈표2〉의 급여명세표를 받는 사람의 경우는 조합비로 2만 원이 공제된다. 조합이란 일반적으로 노동조합을 말하는데 경영자와 노동자가 대등한 입장에서 임금과 노동시간 등의 노동조건에 대해 협상하도록 만들어진 단체다. 노동자가 단결해 회사와 단체협상을 하거나 파업 등의 단체행동을 할 권리는 법으로 보장되어 있다. 직장에 따라 있거나 없는 경우도 있고, 전원이 가입 의무를 갖는 곳도 있다. 직장에 노동조합이 없는 경우에는 개인 자격으로 가입할 수 있는 노동조합도 있다.

자신이 열심히 땀 흘려 번 돈을 국가에서 세금이니 보험이니 하는 항목으로 잊지도 않고 이렇게 빈틈없이 챙겨가는 것에 대해 놀라는 사람도 있을 수 있는데 이것이 전부가 아니다. 여기에 더해 '소비세'(서비스를 이용하거나 물품을 소비하는 대가로 그것을 이용하는 개인이 치르는 국세. 우리나라는 부가가치세라고 해서 간접소비세를 부과하는데, 세율은 10%다 — 옮긴이)도 있다. 소비세 역시 사회를 유지하는 '보이지 않는 돈' 중 하나다. 소비세는 지금까지의 '보이지 않는 돈'과 달리 돈을 사용하는 데 드는 세금이다. 여러분도 용돈을 쓸 때마다 사회를 유지하는 데 도움을 주고 있는 것이다.

2015년 일본의 소비세는 8%인데 여러분이 책을 읽는 지금
은 몇 %일까? (2014년 11월, 아베 신조 수상은 2015년 10월로 예정
한 소비세율 10% 인상을 2017년 4월로 미루며 소비세 증세 재연기는
하지 않을 것이라고 발표했다 — 옮긴이)

급여명세표를 보면 무척 복잡한 제도 같지만 큰 틀로 보면
'모두의 힘으로 사회를 유지하자, 힘들 때 서로 돕자'는 '상부
상조 정신'으로 돈을 분담하는 것이다.

일본에서는 2000년에 개호보험이 시작되었다. 지금은 40세
이상만 이 보험료를 지불하기 때문에 젊은 사람에게는 생소할
수도 있는데 이것 역시 '누군가의 간병이 필요한 사람을 힘을
모아 도와주자'는 정신이 하나의 시스템으로 된 것이다.

자신이 사는 사회가 서로 도우려는 의식을 가지면 모두 안
심하고 생활할 수 있고 장래에 대해서도 희망을 가질 수 있다.
살면서 힘든 일이 생겨도 사회가 도와줄 거라는 신뢰가 있으면
과감하게 활동을 시작할 수 있고, 또 자기중심적이지 않게 행
동할 수 있다.

우리는 급여명세서를 통해 그런 사회정신과 사고방식을 볼
수 있다. 그런데 현실에서는 조금 다른 부분도 있는 것 같다.

나만의 라이프스타일을 정한다

요즘 부쩍 '라이프스타일(Lifestyle)'에 대한 말을 자주 듣게 된다. 가령 '나의 라이프스타일'이라고 하면 자신이 선택하고 결정한 생활방식으로 그것이 어떤 생활방식이건 누구나 자유롭게 선택할 수 있다. 예를 들면 인테리어 잡지에 소개된 '나의 라이프스타일'은 그 사람의 취향에 맞게 꾸민 집이나 방일 것이다. 이것을 '나의 인생'으로 생각하면 어떻게 될까. 우리가 모든 것을 전부 자유롭게 선택할 수 없다는 것은 앞서 언급한 것과 같다. 즉, 어떤 제도를 가진 나라에서 사느냐가 전제가 된다.

그런데 우리는 가끔 그걸 잊어버리는 경향이 있다. 가령 좋은 복지로 유명한 스웨덴은 세금이 높아서 사회보험료와 세금을 합한 '국민부담율'이 60%나 된다. (일본은 40%, 우리나라는 24%다 — 옮긴이) 그러나 그만큼 복지와 교육예산이 많아서 의료비와 수업료는 기본적으로 무료다. 이로 인해 개인이 별도로 질병이나 사고에 대비하거나 육아를 위해 저축하는 습관이 없고 일시적인 저출산 현상도 상당히 회복되었다.

스웨덴도 국가의 정책이 모두 완벽하게 돌아가는 것은 아니지만 적어도 장래에 불안을 느끼는 사람은 그리 많지 않은 것 같다. 그래서인지 행복도 순위가 발표되면 늘 상위에 속한다. 반면에 우리는 행복하다고 느끼는 사람이 매우 적을 뿐 아니라 스웨덴 인에게는 믿지 못할 이야기일 수도 있지만 고등학생이 '미래에 연금을 받을 수 있을지 어떨지 걱정된다'고 고민할 정도다.

그 외에 핀란드, 노르웨이, 덴마크 등 대학까지 학비가 무료인 나라가 꽤 많고, 고등학교까지 무상교육인 나라는 더욱 많다. 일본에서는 돈이 없어 고등학교 진학을 포기하거나 중퇴하는 학생이 적지 않은데 그것은 일본이 고등학교 수업료가 유료인 몇 안 되는 국가 중 하나이기 때문이다.

여기에는 이유가 있다. 1966년 국제연합에서 채택된 '국제인권규약'에는 각국이 학비 무료화를 위해 노력한다는 내용이 포함되었고, 그것은 많은 나라가 학비를 무료로 하기 위해 열심히 노력해온 결과였다. 일본도 1979년에 이 사회권 규약을 비준했는데, 그때 학비 무료화를 정한 부분은 보류했다(지키지 않는 것으로 했다). 학비 무상화 선언을 보류한 나라는 선진국 가운데 일본이 유일했다.

그래도 2014년 4월에 실행된 '공립 고등학교에 관한 수업료 부징수 및 고등학교 등 취학지원금 지급에 관한 일부를 개정하는 법률'에 의거해 '가정의 경제적 상황에 관계없이 배우고 싶은 의지가 있는 학생이 안심하고 배울 수 있는 환경을 만들기 위해 고등학교 등 취학 지원금을 지급하여 가정의 교육비 부담을 경감하는 제도'를 만들었다. 여기에는 사립고등학교 교육비 경감 내용도 포함되었다. (우리나라는 초·중학교 과정이 무상교육으로, 현재 OECD 국가 가운데 고등학교 무상교육을 시행하지 않는 유일한 나라다. 그러나 2017년 5월 10일 취임한 문재인 대통령은 고등학교 무상교육을 공약했다 — 옮긴이)

학비가 무상인 나라에서는 대학까지의 교육비 개인 부담이 거의 없어 자녀를 키우고 가르치는 데 돈이 든다는 의식이 전혀 없다. 반면에 일본은 세계에서 학비가 가장 비싼 나라로, 자녀 한 명을 대학까지 가르치는 데 평균 1억~2억 원이 든다.

문부과학성의 〈2012년 자녀 학습비 조사〉에 의하면 유치원부터 고등학교까지 15년간 각 학년별 학습비 총액을 단순 합계하면 전부 공립인 경우 약 5천만 원, 전부 사립인 경우는 약 1억 6천만 원으로 계산되었다. 〈표3〉의 '학교 유형별 학습비 총액'을 보면 좀 더 정확히 알 수 있다.

보건체육 시간에 간혹 '나는 아이를 많이 낳을 거다', '다섯은 낳고 싶다'는 의견을 내는 학생이 있다. 그러면 그 말이 채 끝나기가 무섭게 여기저기서 "나도 많이 낳고 싶지만 그건 무리야. 아이를 키우고 가르칠 돈을 어떻게 감당하려고?"라는 다

[표3] 학교 유형별 학습비 총액

단위: 원 ( )는 공립을 1로 했을 때의 비율

구분		학습비 총액	학교 교육비	학교 급식비	학교 외 활동비
유치원	공립	2,301,000(1)	1,316,240(1)	179,200(1)	805,560(1)
	사립	4,874,270(2.1)	3,404,640(2.6)	268,910(1.5)	1,200,720(1.5)
초등학교	공립	3,058,070(1)	551,970(1)	420,350(1)	2,085,750(1)
	사립	14,223,570(4.7)	8,224,670(14.9)	402,290(1)	5,596,610(2.7)
중학교	공립	4,503,400(1)	1,315,340(1)	361,140(1)	2,826,920(1)
	사립	12,951,560(2.9)	9,975,260(7.6)	33,800(0.1)	2,942,500(1.0)
고등학교	공립	3,864,390(1)	2,308,370(1)	⋯⋯	1,556,020(1)
	사립	9,668,160(2.5)	7,222,120(3.1)	⋯⋯	2,446,040(1.6)

른 아이들의 날카로운 지적이 날아온다. 고등학생에게도 '아이를 낳고 키우려면 돈이 많이 든다'는 것이 상식이 되어버린 것이다.

교육뿐 아니라 나라에 따라서도 제도에 차이가 있다. 제도의 차이는 결국 '보이지 않는 돈'인 세금과 사회복지비를 어디에 쓰느냐의 차이다. 국민에게서 돈을 모아 사회 전체를 정비해가는 것이 좋은지, 모으는 돈을 적게 하고 개인이 자유롭게 쓸 수 있는 돈을 보장하는 것이 좋은지, 이 중 어느 쪽이 옳은지는 쉽게 결론이 나지 않는다. 이 문제는 아마 영원히 결론나지 않을 것이다. 하지만 사회가 개인의 라이프스타일을 제한하는 것은 분명한 사실이다. 사회는 우리가 세금으로 내는 '보이지 않는 돈'으로 유지되는 만큼 적어도 어떤 사회에서 살고 싶다는 개개인의 의견은 다양한 기회를 통해 정확히 표명해야만 한다.

불행히도 일본에서는 정치에 관심을 갖는 젊은이가 매우 적은데, 돈을 지불하면서도 어떤 걸 팔든 불평하지 않는 소비자만큼 판매자에게 만만한 손님은 없다. 정치에 좀 더 관심을 갖고 자신의 의견을 당당하게 말하자. 투표도 한 방법이고 국가가 다양한 기회를 통해 공개 설명회를 여는 경우도 있다. 또 '시장에게 보내는 편지' 형태로 시민의 의견을 듣는 자치단체도 있다.

이러한 방법들을 잘 활용하여 자신이 원하는 사항을 사회에 알릴 수 있도록 실제 행동으로 옮기는 것이 자신이 선택할 수 있는 라이프스타일의 폭을 넓히는 방법이다. 우리는 모든 것을 자유롭게 선택한다고 생각하지만 사실은 주어진 것을 선택할 수밖에 없게 되는 것일지 모른다.

일과 생활의 균형

　우리 사회에는 일에만 몰두하는 일 중독자, 일명 워커홀릭 (Workaholic)이 많다. 그로 인해 가정에 소홀하고 건강을 잃어 과로사하는 경우(주로 남성에게 많다)도 있다. 그래서 일본에서는 정부가 중심이 되어 '워크 라이프 밸런스(Work-life balance) 개선 캠페인'을 벌이고 있다. 즉 '일과 생활의 균형(워크 라이프 밸런스) 헌장'을 책정하여 적극적으로 캠페인 활동을 하고 있다. 그 내용은 '워크 라이프 밸런스와 경제성장은 수레의 양 바퀴와 같다. 청년층이 경제적으로 자립한 상태로 성별과 연령에 관계없이 누구나 의욕을 갖고 능력을 발휘하여 노동시장에 참가하는 것이 국가의 활력과 성장력을 높이는 길이다. 한 걸음 더 나아가 저출산의 흐름을 바꿔 지속가능한 사회를 실현하는 데도 도움이 된다'는 것으로 정부는 이와 같은 내용을 노동자, 경영자에게 적극 호소하고 있다.

그러나 일본 정부의 이런 말을 들어보면 '워크(Work)'는 임금을 얻는 '일'이고 '라이프(Life)'는 '일 이외의 부분', '밸런스(Balance)'는 각각의 '시간적 균형'을 의미하기 때문에 결국 '오랜 시간 노동하는 사람은 조금이라도 노동시간을 줄이자'는 의미로 들린다.

정부의 논리로 말하면 실업자나 오래 일하고 싶어도 단시간 아르바이트밖에 할 수 없는 사람에게 일할 기회를 마련하는 정책도 적극적으로 만들 필요가 있는데 워크 라이프 밸런스 캠페인에서 이루어지는 내용은 그렇지 않은 것 같다.

나는 가정과 수업에서 학생들에게 '워크'에는 두 종류가 있다고 가르친다. 하나는 회사에서 일을 하고 임금을 받는 '급여 노동(Paid Work)'이고, 다른 하나는 가정에서의 가사와 육아처럼 일을 해도 임금을 받지 못하는 '비급여 노동(Unpaid Work)'이다. 그래서 워크 라이프 밸런스 이야기를 들었을 때 '워크'가 돈이 되는 급여 노동의 의미로만 쓰이고 '라이프' 안에 돈이 되지 않는 비급여 노동의 의미가 포함되어 있다는 것을 알고 크게 놀랐다.

일을 많이 해서 건강을 잃고 과로사까지 이어지지 않도록 캠페인을 하는 것 자체는 나도 찬성이지만 '워크'와 '라이프'를 이런 식으로 한정하여 사용하는 데 크게 위화감을 느낀다.

여러분에게 다시 질문을 드린다.

> **질문** 워크 라이프 밸런스를 생각할 때 '봉사'는 '워크'에 넣어
> 야 할까, '라이프'에 넣어야 할까?

이것은 어른도 쉽게 답하지 못하는 질문이라서 여러분에게
는 꽤 어려울 것이다. 얼마 전 시민 대상의 강연회에서 이 질문
을 해보았는데 의견이 완전히 둘로 나뉘었다. 그때는 '라이프'
라고 대답한 사람이 좀 더 많았다.

봉사라는 행동은 기본적으로 수입이 되지 않는다. 보수를 받
는다고 해도 생활비를 해결할 정도의 액수는 아니다. 생활할
수 있을 만큼 벌면 직업노동이지 봉사라고 하지 않는다. 그렇
다고 해서 봉사를 '라이프'에 넣는 게 맞을까?

정부의 생각처럼 '워크' = '직업노동'이라면, 워크 라이프
밸런스는 직업을 갖고 일해서 수입을 얻는 사람들만의 문제이
지 학생이나 전업주부, 고령자, 실직자와는 아무 관계가 없게
된다. 그러나 현실적으로는 직업노동을 하지 않아도 집안일,

육아, 간병으로 지쳐버린 사람도 무척 많다.

그렇게 생각하다 보니 '워크'와 '라이프'에 대해 내 나름대로 해석을 내리게 되었다. 그리고 그 균형을 의식하는 것이 누구에게나 중요하다는 결론을 내렸다.

■ 미나미노식 '워크 라이프 밸런스'

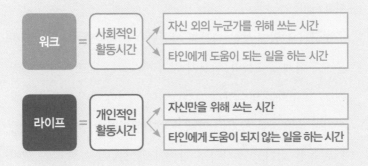

기본적으로 직업노동은 사회가 필요로 하기 때문에 성립한다. 예를 들어 개인적인 감각으로는 월급을 받기 위해 일하는 것이라고 해도 그것이 어떤 형태로든 사회에 도움이 되는 일이기 때문에 사회 속에 존속하는 것이다. 그렇게 생각하면 가사활동, 육아, 봉사도 돈과는 별개로 누군가를 위해 자신의 시간을 쓰는 행위이므로 당연히 사회에 도움이 되는 일이고 그 점에서는 직업노동과 똑같다. 그래서 나의 해석으로는 양쪽 모두 '워크'가 된다.

'라이프'는 기본적으로 타인에게 도움이 되지 않는 시간이 자 온전히 자신만을 위해 쓰는 시간이다. 휴식을 취하고 취미 활동을 하며 맛있는 음식을 먹는 것은 모두 인생에서 중요한 시간이다. 풍요로운 삶을 살기 위해서는 반드시 그런 시간도 필요하다.

누군가를 위해 쓰는 시간과 자신만을 위해 쓰는 시간의 균형 은 모두에게 중요하다. 이것이 내가 생각하는 워크 라이프 밸런 스로, 그 조화를 의식하자는 캠페인이 되어야 하지 않을까.

가령 금융전화 사기는 명백한 범죄행위인데, 사기라는 노동 으로 돈을 번다고 생각하면 기존의 해석으로는 '워크'가 되어 버린다. 그러나 누군가에게 도움이 되느냐는 시점에서 보면 도 움은커녕 명백한 범죄행위다. 다른 사람을 이용해 '자신의 이 익'을 추구하기 때문에 나의 해석으로는 당연히 '라이프'로 분 류된다.

또 금융전화 사기나 악덕상법은 그나마 알기 쉬운데 그 외 의 장사, 거래현장에서의 행위는 의미가 애매한 것들이 많다. 정치가가 사리사욕을 위해 정치를 이용하면 '라이프', 국민의 대리자로서 보다 좋은 세상을 구현하기 위해 일하면 '워크'가 된다. 문제는 일과 직업의 형태가 아니라 내용이다.

그래서 자신이 하는 일이 타인을 위한 것인지, 아니면 자신의 이익을 우선하는 것인지 자문해보는 것은 무척 의미 있는 일이다. 최근에는 기업의 사회적 책임이 자주 언급되는데 자신의 삶에 의문이 생길 때 이 새로운 워크 라이프 밸런스 사고는 쉽게 흔들리지 않기 위한 좋은 이정표가 될 것이다.

워크 라이프 밸런스의 새로운 해석은 인간의 행복도에 관한 새로운 견해이자 조화로운 삶을 위한 합리적인 지침이다.

자, 그럼 두 번째 질문이다.

질문 내가 가장 행복할 때는 언제일까?

미나미노식 워크 라이프 밸런스로 보면 행복은 두 종류로 나눌 수 있다. 즉 개인적인 행복과 사회적 행복이 그것이다. 약간 억지일 수도 있지만 이것을 '라이프적 행복'과 '워크적 행복'이라고 부르자.

좋아하는 사람과 물건에 둘러싸여 있을 때, 케이크를 먹을 때, 망상에 빠져 있을 때 등등 사람이 느끼는 행복은 무척 다양하다. 그러나 아무리 좋아하는 케이크라도 하루에 3번씩 10년 동안 계속해서 먹는다면 어떨까? 그건 아마 행복이 아니라 고문이 될 것이다.

라이프적 행복은 좀처럼 이루어지지 않는 일이 실현되었을 때 느끼는 행복감으로 필요 이상 길게 지속되면 행복하지 않거나 도리어 고통이 되는 행복이다.

반면에 누군가에게 감사인사를 받아 기쁨을 얻고 도움을 주어 충실감을 느끼는 감정들은 사회적인 관계에서 얻을 수 있는 행복이다. 이것은 사람과의 관계 속에서 얻을 수 있는 감정인데 이런 '워크적 행복감'은 꼬박꼬박 하루 3번씩 10년 동안 지속되어도 전혀 고통이 되지 않는다. 오히려 행복이 넘치는 인생을 만들어 준다.

타인으로부터 감사받고 인정받는 느낌은 삶의 기쁨을 느끼게 하는 원천이 된다. 그러나 그렇게 하기 위해 열심히 일만 하면 금세 지쳐버린다. 자칫하면 소진증후군이나 과로사로 이어질 수도 있다.

인간에게는 자신만을 위한 시간이 반드시 필요하다. 자신을 위한 시간이 확보되어야만 누군가를 위해서도 힘을 쓸 수 있다. 이것은 워크 라이프 밸런스에서 매우 중요한 부분이다.

병을 얻어 자리에 눕거나 감당하기 어려운 일을 당해 일종의 은둔형 외톨이가 되는 상황에 처했을 때 느끼는 가장 큰 고통 중 하나는 자신이 '쓸모없는 존재'라고 느껴지는 것이다. 부모와 자식이 서로를 생각하고 연인이 상대를 생각하듯이 그 사람의 존재 자체가 누군가에게 도움이 되는 경우도 많은데 막상 자신이 심각한 고통에 빠진 상황에 처하면 거기까지 생각이 미치지 못한다. 이때는 밸런스 감각이 '라이프'에 치우쳐 있기 때문이다.

그러나 어떤 상태에 처하건 자신이 할 수 있는 '워크'를 찾아 누군가를 위해 최선을 다하는 삶을 사는 사람도 많다. 우리는 그런 사람을 보면 가슴이 뭉클해지고 감동하게 된다. 그리고 진심으로 나도 그렇게 되고 싶다는 생각이 든다.

사람들이 더 많이 '워크'와 '라이프'를 이렇게 인식하면 돈에 얽매이지 않고 일하는 사람들이 많이 늘어날 것이다. 어쩌면 '일하다'라는 의미마저 바뀔지 모른다.

시민 강좌에 참석한 많은 어른들은 이렇게 새로운 개념의 워크 라이프 밸런스에 관한 생각을 듣고 '나도 내일부터 일에 대해 다시 생각해 봐야겠다'고 다짐했다.

현명한 소비자란
무엇일까?

소비자란 누구일까

수업 시간에 학생들에게 "소비자란 누구일까?" 하고 물으면 대부분 "돈을 내고 물건을 사는 사람이잖아요, 그 정도는 저희도 알아요"라고 대답한다. 그러나 '소비자'라는 말을 정확하게 설명하기란 의외로 쉽지 않다.

예를 들어 집 근처 작은 동네 빵집에서 아이스크림을 사먹었다고 하자. 당신은 분명히 그 아이스크림의 소비자다. 그럼 아이스크림을 판 빵집 주인은 제조자일까, 판매자일까?

빵집 주인이 직접 아이스크림을 만든다면 제조자 겸 판매자인데 대부분은 그렇지 않다. 보통은 아이스크림을 다른 업체로부터 매입하기 때문이다. 즉 빵집 주인도 돈을 내고 아이스크림을 산다. 앞의 학생 말대로라면 빵집 주인도 돈을 내고 물건을 사는 소비자가 된다. 정말 그럴까?

소비자는 말 그대로 '소비하는 사람', '최종 수요자'로 사전에는 "상품 · 서비스를 소비하는 사람"이라고 나와 있고 소비는 "금전, 물질, 에너지, 시간 등을 들이거나 써서 없애는 것"이라고 되어 있다. 즉 소비자는 사는 사람이 아니라 '써서 없애는 사람'이다.

따라서 아이스크림을 구입하긴 하지만 자신은 먹지 않고 다시 판매하는 빵집 주인은 '소비자'가 아니라 '판매자'이고 아이스크림을 만드는 회사는 '생산자'다. 또 생산자와 판매자 사이에 '도매업자' 즉 도매상이 끼는 경우도 있다.

그러나 아이스크림을 만드는 생산자도 자신이 사용하기 위해 원료인 우유, 설탕, 포장용 종이 또는 플라스틱 등의 재료를 다른 업체에서 매입한다. 이러한 경우는 어떻게 보아야 할까?

원료와 포장 재료는 최종적으로 소비자에게 전해지기 때문에 이런 경우 회사는 일시적으로 사용하는 것이라서 '사용자'라고 한다. 그런데 아이스크림을 만드는 기계와 만들 때의 전기세, 위생관리를 목적으로 사용되는 작업복, 마스크, 소독액 등은 회사에서 써버리는 것들이므로 그런 의미에서는 회사 역시 소비자인 부분도 있는 것이 된다.

결국 생산자이면서 동시에 소비자인 경우도 많은데, 상황이나 입장에 따라 그 역할이 바뀌기 때문에 이 부분을 명확히 나눌 수는 없다. 한 명의 인간이라는 입장에서 보면 누구나 소비자이고 동시에 소비자의 대부분은 생산자이기도 하다는 것이 가장 정확하다. 기업, 공장, 가게도 마찬가지다.

물건을 만들거나 판매하는 사람도 소비자라는 측면을 갖고 있다. 자신도 소비자인 동시에 자신이 판매하는 상품이나 서비스가 소비자에게 최고가 될 수 있도록 끊임없이 고민하고 노력한다. 그러나 현실 사회에서 일어나는 일들을 보면 그렇지 않은 경우도 많다.

개중에는 자신의 이익을 우선한 나머지 소비자나 환경을 희생해도 된다고 생각하는 사람도 있다. 예를 들어 식품이나 식재료의 원산지를 속여 팔거나 개발 중인 치료약의 연구 자료를 속여 적당히 약을 제조 · 판매하는 등 안정성과 사람의 생명을 중시하지 않는 이들에 대한 기막힌 뉴스도 자주 들려온다. 그들은 그저 돈만 벌면 된다고 생각하는 것 같다.

조금 오래된 이야기인데, 기업이 소비자에게 돈을 쓰게 하기 위해 어떤 작전을 펴는지 잘 알려주는 좋은 예가 있다. 꽤 유명한 이야기라서 이미 알고 있는 사람도 있을 것이다. 그것은 1970년대 일본 최대의 광고회사 덴쓰(電通)의 '전략십훈'으로, 광고를 만들 때 가져야 할 광고인의 마음가짐이라고 할 수 있다.

1. 더 쓰게 하라
2. 버리게 하라
3. 낭비하게 하라
4. 계절을 잊게 하라
5. 선물하게 하라
6. 세트(Set)로 사게 하라
7. 구입할 계기를 만들어주라
8. 유행에 뒤처지게 하라
9. 부담 없이 사게 하라
10. 혼란을 불러일으켜라

전략십훈은 밴스 페커드(Vance Packard)가 쓴 책《쓰레기 생산자들(The Waste Makers)》에서 아이디어를 얻었다고 한다. 쓰레기 생산자들이란 한마디로 낭비를 만드는 사람들로 책 제목이 상당히 자극적인데 내용을 읽어보면 전략십훈은 그 내용과 거의 일치할 만큼 매우 유사하다. 전략십훈은 지금도 광고 업계에서 통용되는 전략으로 적극 활용되고 있다.

1번에서 10번까지의 항목을 염두에 두고 텔레비전 광고를 보면 '이것은 1번이다', '이건 5번인가?', '8번과 9번의 조합이 여전히 많다'는 식으로 만드는 사람의 속마음을 읽을 수 있어서 광고 보는 재미가 있다.

자유연구 과제로 무엇을 할지 고민이라면 'TV광고 연구: 우리는 어떻게 해서 물건을 사게 될까?'라는 주제는 어떨까. 상당히 재미있을 것이다. 학교에 따라서는 자유연구가 과학으로만 한정된 곳도 있는데, 가정과의 경우 자유연구 소재는 그야말로 무궁무진하다.

'학교 수업에서는 학생들과 텔레비전 광고를 비교하며 검토하지만 책에서는 그렇게 할 수 없는데 무슨 좋은 방법이 없을까'라는 생각에 힌트를 얻기 위해 인터넷 검색을 하던 중 흥미로운 글을 발견했다. "이것(전략십훈)이 저들(판매자)의 전략이라면 이쪽(소비자)은 그 반대로 하면 된다"는 것이다. 정말 납득이 가는 말이다. 즉 '반(反) 전략십훈'인데, 내용을 참고하며 나도 생각해보았다.

1. 물건은 최소한으로 사자

2. 산 것은 가능한 한 오래 쓰자

3. 필요 없는 것은 사지 말자

4. 계절에 맞는 생활을 하자

5. 선물을 하지 말자(원하지 않는 물건을 주고받는 것에 불과할지
   도 모른다)

6. 단품으로 사자(묶어서 파는 상품은 불필요한 것까지 사게 된다)

7. 충동적으로 사지 말자

8. 무작정 유행을 따르고 싶은지 진지하게 생각해보자

9. 사기 전에 먼저 한 번 더 생각하자

10. 침착하자! 정말 필요한 물건인지 다시 확인하자

내 나름대로 정리해 보았다. 물건을 살 때 늘 이렇게 행동하
면 절대 낭비는 하지 않을 것이다. 우리는 이런 식으로 행동할
수 있는 사람을 '현명한 소비자'라고 부르기로 했다. 다시 말해
깊이 생각한 후에 물건을 사는 사람이다.

전략십훈이 처음 만들어진 것은 1970년대다. 일본은 성장시
대를 맞아 고속열차가 개통되고 나리타 공항이 만들어졌다. 반
면에 두 번의 석유파동도 일어났다. 그래도 사회는 환경보호라

는 관점을 갖지 못했다. 단순히 전략십훈을 뒤집는 것만으로는 환경보호 관점이 생기지 않는다. 현대를 사는 진짜 현명한 소비자는 반 전략십훈에 더해 사회 구성원 전체에 주는 영향 즉 자원, 에너지, 환경, 공해문제도 함께 생각하며 소비할 수 있는 사람이다.

수입과 지출의 균형을 생각한다

　돈의 사용법부터 이야기를 시작했는데, 돈을 쓰기 위해서는 먼저 돈을 버는 것이 전제가 되어야 한다. 여러분의 주 수입원은 무엇일까?

　여러분은 아직 학생이고 아르바이트도 하지 않아 기껏해야 용돈이나 세뱃돈 정도라는 사람이 많지 않을까. 독자 여러분 중에는 고등학생 외에 대학생, 직장인도 있을 것이고 어쩌면 은퇴한 어른도 있을 것이다. 그렇게 되면 수입 경로도 무척 다양해진다. 용돈을 받는다, 아르바이트를 한다, 정규직에 근무한다, 연금을 받는다, 부모가 부자라서 돈 걱정은 없다, 수입이 아예 없다 등등 상황은 각자 다르다.

그러나 어느 입장이건 돈은 '수입에 맞게 쓴다'는 지극히 단순한 원칙을 중시해야 한다. 수입의 범위 내에서 생활하면 돌발적인 일이 발생하지 않는 한 돈 때문에 큰 어려움을 겪지는 않는다.

실제로 얼마 전까지는 이 원칙을 지키기가 비교적 수월했다. 내 지갑에 들어 있는 돈, 저축한 돈이 떨어지면 그 이상은 빚을 내지 않는 한 쓸 수 없다. 빚을 지면서까지 돈을 쓰는 사람은 자신의 빚을 자각하고, 빚을 지지 않는 사람은 계획적으로 돈을 쓰거나 수중에 돈이 없으면 참거나 둘 중 하나다. 대부분은 자신이 갖고 있는 돈의 잔고를 파악하고 있었다.

그런데 최근에는 돈이 여러 다양한 모습을 취하고 있어 자신의 잔고나 빚을 정확히 파악하기 어렵게 되었다. 의외로 수입은 알지만 지출 내역은 정확히 모르는 사람이 많다.

예를 들면 휴대전화에 내장된 IC칩으로 결제가 가능한 휴대전화 결제서비스 기능이 있는데, 이것은 충전한 금액 내에서 쓸 수 있는 '프리페이드(Prepaid, 선불제)' 타입과 사용 후 지불하는 '포스트페이(Postpay, 후불제)' 타입으로 나뉜다. 프리페이드도 일정액을 자동으로 충전하는 형태가 있어서 구별 못하는 사람이 있다. 자동충전의 경우 저금의 잔고가 부족하면 충전되지 않기 때문에 빚이 되지 않는다. 아직은 '눈에 보이는' 시스템이라고 할 수 있다.

반면에 포스트페이는 신용카드처럼 한도액이 정해져 있고 일시적으로 대신 지불한 값을 나중에 갚는 것이 기본이다. 짧은 기간이라고는 해도 빚을 졌다 갚는 형태가 된다. 자신도 모르는 사이에 빚을 지는 것인데 그것을 빚이라고 느끼는 사람은 거의 없다.

신용카드는 물건을 살 때와 실제 카드 값을 갚을 때가 시간적으로 차이가 있어서 "욕망에 이끌리는 대로 사들였는데 정신을 차려보니 도저히 갚을 수 없는 엄청난 금액이 됐다"는 사람이 많다. 연회비가 무료라서 왠지 이익을 보는 것 같다며 권하는 대로 여러 장의 카드를 만드는 경우도 자주 볼 수 있는데 돈을 빌리고 갚지 않는 것은 엄연한 범죄행위다. 자칫하면 법원에 불려갈 수도 있다.

이제는 인터넷으로 물건을 사고 돈을 지불하는 시스템도 흔한 광경이 되었다. 직접 현물을 보거나 그 자리에서 돈을 내는 것도 아닌데 매매가 성립된다. 생각해보면 신기한 일이다. 돈의 지출이 보이지 않게 된 것이다.

반면에 수입은 지나치게 잘 보인다. '나도 몰래 내 은행계좌

이 달도 월급이 통장에 스치운다

에 거금이 입금됐다'는 얘기는 꿈에나 나올 만한 망상이 된다.

수입과 지출의 균형을 잡으려면 지출이 보이게 하면 된다. 물건이나 서비스를 구입할 때는 반드시 지불이라는 단계가 기다린다. 현금이건 신용카드건 구입한 순간이 지불 순간이라고 생각하고 확실하게 기록한다.

물론 귀찮은 일이지만 요즘에는 월급을 현금으로 받기는 어려워도 지불은 현금으로 한정할 수 있다. 지인 중에 '언제나 웃으며 현금 지불'이라는 옛날 개그를 입버릇처럼 달고 사는 사람이 있다. 그는 자신이 갖고 있는 현금 액수를 정확히 알고 있다. 또 다른 지인은 인터넷으로 물건을 주문할 때 착불로 신청해 물건을 받으면서 값을 지불한다. 그렇게 해서 얼마를 썼는지 직접 눈으로 보는 방법도 있다.

아무튼 점점 지출이 보이지 않는 지금 같은 시대에는 지갑에 있는 현금과 은행계좌에 있는 잔고를 소지한 돈으로 생각해서는 안 된다. 자신의 돈은 은행 잔고에서 미지급된 대금을 제외한 나머지임을 분명히 인식하고 있어야만 한다.

동전의 양면을 본다

동전에는 앞면과 뒷면이 있다. 여러분은 어느 쪽이 앞면이고 뒷면인지 정확히 알고 있을까? 일본 동전의 경우, 앞면과 뒷면이 정해져 있지 않다. 단, 연호가 쓰여 있는 쪽을 뒷면으로 하는 관례가 있어서 연호가 쓰여 있으면 뒷면, 그렇지 않으면 앞면으로 부르는 경우가 많다. (우리나라 동전은 한국조폐공사 홈페이지 www.komsco.com의 사업 〉 압인 〉 주화 카테고리에서 확인하면 앞면은 그림과 액면문자, 뒷면은 발행연도, 액면숫자로 되어 있다 ─ 옮긴이)

앞뒷면이 확실하지 않아도 동전을 둘로 나눌 수는 없다. 그래서 '동전의 양면'이라는 말이 생겨났고 흔히 '서로 뗄 수 없는 한 쌍', 'A가 있으면 B가 있다'는 의미로 사용된다.

동전은 어느 쪽에서 보건 같은 금액이지만 시장에서 파는 물건은 꼭 그렇다고 할 수 없다. 앞에서 봤을 때와 뒤에서 봤을 때의 가격이 다른 경우가 있다. 본래의 의미에서는 조금 벗어나지만 여기서는 동전의 양면 즉, 사물이 갖는 가치의 양면성을 생각해보자.

1994년부터 방송되는 장수 프로그램 〈무엇이든 감정단〉(우리나라의 〈TV쇼 진품명품〉처럼 장난감부터 골동품까지 돈이 될 만한 것은 모두 감정하는 일본의 텔레비전 프로그램 — 옮긴이)은 의뢰인이 소장하는 미술품이나 골동품, 옛날 장난감 같은 것들을 스튜디오에 가지고 오면 전문가가 감정해서 값을 발표하는 단순한 프로그램이다.

의뢰인의 물건은 아마추어의 눈으로 보아서는 가치를 알 수 없는 것들이다. 의뢰인이 아주 오래된 도자기를 내놓으며 보유 내력이나 구입가격을 상세히 밝히면 꽤 비싸 보인다. 반대로 "누군가에게 싸게 얻었다"거나 "받아야 할 돈 대신 받은 것"이라고 심드렁하게 말하면 순식간에 가짜로 보인다.

의뢰인은 감정을 받기 전에 감정 희망액을 쓴다. 대부분 자신의 물건은 진품이고 고가라고 생각해서 천만 원 정도를 예상하고, 실제로 그 금액을 주고 구입했다는 사람도 있다. 그런 말을 들을 때는 구입 금액보다 낮은 감정가가 나오지 않기를 함께 바라는 것이 당연한 마음이다.

의뢰인의 예상이나 희망이 맞거나 그보다 높은 감정가가 나오면 스튜디오의 방청객과 시청자는 모두 "대단해!" 하고 탄성을 지른다. 그러나 가치 없는 물건으로 밝혀지거나 특히 위조품으로 판정되는 경우 의뢰인에게는 안 됐지만 안도 반, 아쉬움 반으로 "진짜인 줄 알았는데, 이상하네(웃음)" 하고 중얼거리게 된다. 이 '이상하다'는 감정에는 동정심도 포함되어 있다.

이 프로그램의 시청자가 모두 골동품을 좋아해서 전문 감정사처럼 예리한 눈을 키우기 위해 즐겨 보는 것은 아니다. 물론 그런 마음도 조금은 있겠지만 대부분은 의뢰인의 재미있는 반응을 보는 재미로 본다.

의뢰인이 자신의 항아리, 그림, 오래된 장난감 등을 그들의 희망가격으로 판다고 해도 나는 절대 사지 않을 것이다. 그만한 가치가 있어 보이지 않기 때문이다. 의뢰인 가족의 심정도 비슷한지 프로그램에 출연하는 의뢰인 중 많은 수가 "가족이 쓸모없다며 버리라고 했다"라거나 "가짜로 판정나면 골동품 수집을 그만두기로 약속했다"고 말한다.

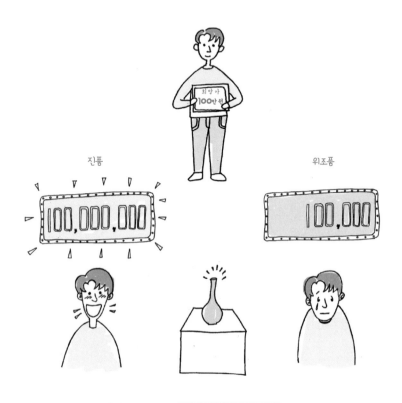

진품 위조품

진품일까? 위조품일까? 과연 판정은?

그런데 집에서 짐짝 취급하던 물건에 '3억'이라는 감정가가 내려진 순간 진품이라고 믿었던 의뢰인뿐 아니라 가짜니, 쓸모없는 물건이니 하며 얕잡아보던 가족들도 순식간에 눈이 휘둥그레진다. 그들은 이제 태도가 180도 돌변해 "앞으로는 가보로 소중히 여기겠다"며 좋아한다.

반대로 예상을 깨고 감정결과가 '3만 원' 정도 나오면, 당연히 의뢰인은 실망스런 표정을 짓는데 그것은 텔레비전을 보고 있던 나도 마찬가지가 된다. 사연 있어 보이는 물건이 진품이라면 어떤 가치가 있을지 설레며 지켜보기 때문이다. 프로그램의 진짜 매력은 물건과 그것의 가치에 따라 울고 웃는 사람들의 태도와 표정에 있다. 높은 감정가를 받았어도 물건 자체는 감정 전이나 후나 똑같다. 달라진 것은 물건을 둘러싼 상황과 사람들의 마음이다.

지금껏 골동품에는 전혀 흥미가 없었던 사람도 '세상에는 저런 항아리에 이렇게 많은 돈을 내는 사람도 있구나', '게다가 진품이라니 대단하다' 하고 느끼며 새삼 오래된 항아리가 매력적으로 보이게 된다.

그러나 차분히 생각해보면 그것은 물건 자체의 가치를 재발견했다고 하기보다는 감정가에 놀라 기분과 태도가 바뀐 것에 불과하다. 이 매력은 물건이 아닌 '금액'으로 '동전의 양면'을 알 수 있는 좋은 예로 소개하고 싶다.

내가 하고 싶은 말은 자신에게 가치 있는 것과 그것의 가격이 반드시 일치하지는 않는다는 것이다. 옷, 액세서리, 화장품처럼 쉽게 볼 수 있는 것들을 보면 이해하기 쉽다.

옷, 액세서리, 화장품의 가격은 천차만별이다. 단순한 흰색 티셔츠가 한 브랜드에서는 10만 원에 팔리는데 다른 곳에서는 5천 원이면 살 수도 있다. 골동품 감정처럼 의류 전문가가 그 티셔츠를 보면 고급 제품인지 싸구려인지 알 수 있을까? 나는 패션 감각이 뛰어난 멋쟁이가 입는 옷은 전혀 구별이 안 간다. 품질이야 다소 차이가 있겠지만 그것이 가격만큼 다를까? 상품 가치의 차이보다는 가격 차이가 크다는 인상이 강하다.

전문가에게 물으면 오가닉(Organic) 면을 100퍼센트 사용했다거나 유명 디자이너의 작품이다는 식으로 가격 차이를 설명할 수 있을지 모른다. 액세서리와 화장품 역시 소재가 다르다, 용기의 디자인이 다르다, 효과가 다르다 등등의 이유로 입이 떡 벌어질 만한 가격 설정이 가능하다. 비싸다고 불평하면 알지도 못하면서 트집이라는 식으로 맞받아친다.

하지만 감정사나 전문가가 매기는 값은 어차피 동전의 한쪽

면이다. 실제로 그것을 입고, 걸치고, 사용하는 것은 자신이다. 타인이 매긴 값으로 좋고 나쁨을 결정하지 않고 자신의 마음에 드는지, 어울리는지, 사용하기 편한지로 판단해야 한다. 중요한 것은 자신에게 있어서의 가치다. 또 하나, 그 물건에 대해 얼마를 내면 적당한지, 얼마라면 낼 수 있는지를 냉정하게 판단할 수 있는 힘이 있어야 한다.

가령 옷가게에서 고른 것이 10만 원 하는 티셔츠인데 입어보니 착용감도 좋고 몸에 잘 맞아 자신을 위해 만든 옷처럼 느껴졌다고 하자. 그러나 예상 금액을 훨씬 초과한 비싼 가격이라서 고민한다. '엄마한테 울며 조를까?', '세뱃돈을 깰까? 하지만 그건 어학연수를 위해 모은 돈인데⋯⋯', '아르바이트를 해서 살까? 하지만 그 사이에 팔려버리면 어떡해!' 하고 말이다.

결국 고민 끝에 당신은 사지 않기로 결정한다. 상품으로서는 매력도 가치도 있지만 자신의 상황을 생각했을 때 그만한 금액을 지불할 정도의 가치는 없다고 생각했기 때문이다. 이것이 동전의 다른 한 면이다.

동전 하나에는 판매자가 정하는 가치(물건 값)와 소비자가 정하는 가치(물건 값)가 있다. 물건 값은 사전에 가격표나 포장 용기에 인쇄되어 있는 것이 보통인데 객관적으로 정해진 절대적인 값처럼 생각하는 경향이 있다. 하지만 그것을 살지 어떨지의 결정 여부는 소비자의 자유다. 사는 측, 즉 우리에게 결정권이 있다. 그래서 경우에 따라서는 가격 흥정도 성립한다. 여러분 중에도 교외의 대형 가전양판점에서 점원과 손님이 물건 값을 흥정하는 모습을 본 적이 있거나 집 근처 소형 점포에서 물건 값을 깎아본 경험, 혹은 덤으로 무언가를 받은 경험이 있을 것이다.

본래 물건 값은 사고파는 당사자 간의 합의로 성립하는 것이 이상적이다. 오사카에는 물건 값을 깎는 문화가 아직 남아 있어서 나 역시 가끔 이러한 사실을 실감하게 된다.

앞서 아이스크림을 예로 들어 물건의 판매와 구입에는 판매자, 소비자만 관계하는 것이 아니라는 이야기를 했다. 유통 단계가 복잡해서 상품이 우리에게 오기까지 많은 사람과 회사가 관계하면 할수록 값을 매기는 방법도 복잡해진다.

그러나 그것은 어디까지나 판매자의 사정이다. 물건을 사는 우리에게 물건 값은 자신에게 있어서의 가치이므로 판매자가 말하는 가격으로 살 필요는 없다.

〈무엇이든 감정단〉에 나온 의뢰인들조차 골동품이라고 해서 무조건 좋아하는 것은 아니다. '얼마면 사도 될까?', '내 취향이 아니라서 필요 없다', '가짜일지도 모르지만 일단 마음에 드니까 사자', '진짜 좋은 것이지만 너무 비싸니까 역시 그만두 자' 하고 그때마다 다른 판단을 내린다. 여러분 역시 자신 안의 가치라는 잣대로 구입을 결정하면 된다.

판단 자료 중 하나로 물건 값에 나름의 기준을 갖는 것이 중 요한데 지금까지의 설명으로 충분히 이해했을 것이다. 그 기준 을 갖고 있으면 보다 알차고 충실하게 물건을 살 수 있다.

그런 의미에서는 최근 유행하는 '머니게임(최대 이익을 목적으 로 한 투기적인 투자와 자금 운용)'에도 한마디 하지 않을 수 없다. 법에 저촉되는 행위가 아니니 내버려 두라고 말할 수도 있지만 게임에 참가하지 않은 사람의 생활에 필요한 물건 가격에까지 큰 영향을 준다는 것은 굳이 지적할 필요도 없다. 이것은 정말 불쾌한 이야기다.

미국의 대기업 증권회사에서 임원을 지냈던 여성이 이런 말 을 했다. "개인이 돈을 버는 것이든 사회의 경제활동이든 그 자 체가 목적은 아니다. 그것은 사람과 사회가 행복해질 수단일 뿐 목적이 아니다."

내면의 가치를 무엇에 둘지 생각하게 하는 말이다. 지금부터 자신 안의 가치를 만들어가는 여러분에게 참고가 될 이야기를 하려고 한다. 내면에 생성된 가치가 없으면 어떤 문제에 휘말리는지, 그 대처법에 대해서도 자세히 알아두자.

문제를 피하는 방법과 대처 방법

기본적으로 판매자는 이익을 내야 한다. 그렇기 때문에 판매자가 상품을 팔아 돈을 버는 것은 장사를 잘하는 것이지 범죄행위가 아니다. 그러나 고의로 소비자를 속여 값싼 물건, 값어치 없는 물건에 비싼 돈을 매겨 돈을 버는 것은 일종의 머니게임이다. 이것은 본질에서 벗어나 동전의 양면을 교묘히 사용하는 사기 수법이다.

하지만 기본을 지켜 양심껏 장사하는 사람과의 사이에서는 좀처럼 문제가 일어나지 않으므로 안심해도 된다. 인간이기 때문에 때로는 실수도 할 수 있지만 속일 생각이 없다면 소비자의 요구에 성실히 대응해준다. 문제를 피하는 방법과 대처법은 소비자를 속여 돈을 벌려는 업자를 만났을 때 필요하다.

소비자의 마음을 혹하게 하고 불필요한 돈을 쓰게 만들려면 교묘한 말과 이미지로 실제의 가치를 알 수 없게 해야만 한다. 소비자에게 결정할 시간을 충분히 주면 다른 정보를 수집하거나 누군가와 상의할 수 있는 가능성이 커지므로 자신의 거짓말이 탄로 날 우려가 있어서 최대한 급하게 서두르는 것이 그들의 수법이다. 소비자가 정확한 상품 지식을 가진 사람에게 확인을 받는 것도 피하고 싶어한다.

그런 식으로 생각하면 자신이 잘 모르는 상품을 교묘한 말로 포장하여 선전하면서 '서두르지 않으면 기회를 놓친다'는 식으로 급하게 부추긴다. 그런 경우라면 상당히 의심스러운 상황으로 보아야 한다. 이렇게 판매자가 상품 자체의 값어치보다 '이익을 추구한다'는 인상이 들면 속지 않도록 주의해야 한다.

신문과 주간지에서 흔하게 보이는 '가지고만 있어도 돈이 들어오는 지갑' 광고를 보자. 이건 아무리 생각해도 이상하다. 사는 사람이 있다는 것이 신기할 정도다. 신문에 크게 광고를 내려면 수백만 원에서 수천만 원이 든다. 광고를 하는 상품은 그렇게 고비용이 드는 광고를 해도 본전이 남을 만큼 팔리고 돈을 번다는 뜻이다.

'먹기만 해도 모델처럼 날씬해진다'는 광고도 자주 눈에 띈다. 그런데 과연 그 약만 먹고도 모델처럼 날씬해졌을까? 모델들은 원래 뚱뚱하기나 했을까? 광고 사진만으로는 결코 그 진실을 알 수 없다. 또 광고에 꼭 빠지지 않고 등장하는 것이 소비자 체험담이다. 그러나 그런 체험담은 얼마든지 조작할 수 있다.

실제로도 개인이 인터넷으로 외국에서 수입한 다이어트 약을 먹고 사망자와 피해자가 발생한 사건이 여러 번 일어났다. 그때마다 언론에서는 연일 화제가 되는데도 유사한 사건은 좀처럼 끊이지 않는다. 그런 다이어트 제품은 '먹기만 하면 살이 빠진다'는 소문과 함께 팔려나갔고 실제로 살이 빠진 사람도 많다고 한다. 그러나 이러한 제품에는 대부분 법적으로 사용이 금지된 성분과 건강한 사람이 먹어서는 안 되는 나쁜 성분이 들어 있어서 한마디로 '건강을 담보로 살이 빠지는 약'으로 보면 된다. 이 경우 대개는 입소문이나 인터넷을 통해 정보가 알려지는데, 광고건 입소문이건 인터넷이건 광고 그대로를 믿는다는 것은 얼마나 위험한 행위인지 잘 알 수 있다.

텔레비전의 홈쇼핑 판매에서도 "지금 구입하시면 한 상자 더 드려요!", "방송 종료 후 30분 내에 신청하는 사람에 한해서만 드립니다"라는 말을 자주 듣게 된다. 이것은 소비자에게 침착하게 생각할 여유를 주지 않고 급하게 구입을 재촉하는 그들의 상투적인 수법이다. 정말 이상한 것은 그런 방송을 하루에도 몇 번씩, 그것도 매일같이 한다는 것이다. 계속해서 되풀이되는 그런 방송을 보면 '한정은 무슨 한정이냐'고 따지고 싶다.

또 소비자인 우리는 '30일치도 충분한데 두 상자나 필요할까? 그런 서비스가 가능하다면 대체 원가는 얼마일까?' 하고 그들의 독촉에 대해 냉정하게 생각해 봐야 한다.

악질적인 상법에 속아 넘어갈 때는 자신의 머리로 생각하지 못하고 상대의 논리를 그대로 믿어버리는 경우가 대부분이다. 우리는 전략십훈, 반 전략십훈을 다시 찬찬히 읽어 가슴에 새기고 상대의 논리에 쉽게 말려들지 않도록 해야 한다.

그러나 만의 하나, 정말로 심각한 문제에 휘말렸을 때는 어떻게 해야 할까? 만일 상대가 처음부터 작정을 하고 속일 속셈이었다면 피해액을 전부 돌려받기 어려울 수 있다. 이쪽이 조치를 취했을 때는 이미 종적을 감춘 후일 가능성도 있다. 그렇다고 해서 쉽게 포기해서는 절대 안 된다.

뭔가 이상하고 의심스러우면 우선 믿을 수 있는 어른과 상의하자. 소비자 피해에 대응해주는 소비자상담센터도 있다. 창

피해 하거나 귀찮게 여기지 말고 일단 전화해보자. 그들은 문제의 형태에 따라 적절한 대응법을 알려주고 때로는 업자와 협상할 수 있도록 도움을 준다. 소비자보호법을 알아두는 것도 도움이 되는데 자세한 것은 소비자상담센터 등에 문의하면 친절하게 알려준다.

인터넷을 이용한 사기나 원클릭으로 요금이 청구되는 경우도 마찬가지다. 당황하지 말고 소비자상담센터에 연락해서 상담하기를 권한다. (우리나라는 1372소비자상담센터www.ccn. go.kr, 한국소비자원www.kca.go.kr 등을 이용하면 되는데 1372소비자상담센터는 전국 어디서나 1372로 전화를 걸면 상담 서비스 및 정보를 제공한다 — 옮긴이)

내면의 가치로 물건을 고르는 사람은 문제도 생기지 않지만 상대가 보여주는 가치에 넘어가기 쉬운 사람은 특히 주의가 필요하다. 우리는 물건이 아닌 가격만 보고 구매하는 실수를 저지르지 말아야 한다. 세상은 그렇게 호락호락하지 않다.

물론 속이는 쪽이 나쁘지만 속는 쪽에게도 책임은 있다. '싼 것이 비지떡'이라는 말이 있다. 물건을 보지 않고 물건 값만 보고 사면 결국 나쁜 상품을 사게 되어 손해를 본다는 의미다. 바꿔 말하면 소비자 하나하나가 진짜 감정사가 되어 차분히 생각해서 돈을 쓴다면 사회에서 그런 나쁜 물건은 저절로 사라질 것이다.

이것은 물론 쉬운 일이 아니다. 그러나 '이상한 것은 사지 않는다', '의심스런 것은 사지 않는다'고 단호한 원칙을 정해서 실행하는 것은 분명히 소비자의 책임이다.

그러나 판매하는 상품의 정보가 없으면 판단할 수 없다. 소비자가 올바른 선택을 하려면 정확한 정보전달이 전제가 되어야 한다. 소비자에게는 올바른 정보를 알 권리가 있다. 부당표시나 허위표시는 그런 소비자의 권리를 빼앗는 행위다. 단순한 실수로 처리되어서는 안 된다.

팔리는 것은 많이 만들어지고 팔리지 않는 것은 사라지는 것이 현대 사회의 기본 법칙이다. 우리의 소비행동이 세상의 방향성을 결정한다. 우리가 지갑에서 돈을 꺼낼 때 소비자 권리의 책임을 떠올릴 수 있다면 그런 자신이 스스로 대견스럽지 않을까.

우리가 욕망을 대하는 방법

사채꾼이 주인공인 어느 만화가 한때 폭발적인 인기를 끌었다. 돈에 대해 생각하게 하는 책으로 꽤 화제가 되었다. 금융세계를 둘러싼 인간의 모습을 그린 이 작품은 한마디로 강렬하다. 그러나 완전한 공상이 아니라 현실 세계가 적나라하게 반영되어 있다.

그 만화를 읽으면 차라리 고개를 돌리고 싶을 만큼 인간 욕망의 어두운 면을 보게 되는데, 그를 통해 자신의 욕망과 마주하고 통제하는 것이 얼마나 중요한지 알 수 있다.

여러분은 '암금융(暗金融)' 혹은 '사금융(私金融)'이라는 말을 들어본 적이 있을까? 이것은 사채업자가 사사로이 하는 금융을 말한다. 이 말을 모른 채 죽는 것이 행복한 인생이 되겠지만 지식을 넓히는 의미로 암금융을 알기 위해서는 먼저 금융에 대한 기본 지식을 이해해야 한다.

금융업은 한마디로 돈을 빌려주는 일이다. 예전에는 대금업이라고도 했다. 지금은 은행과 소비자금융이 대표적이다. 은행과 소비자금융은 돈을 빌려주고 이자를 받아 이익을 얻는다. 빌려준 돈을 돌려받는 것은 당연한데 이때 빌려준 돈에 더해 '약간의 여분을 얹어서 받는다'는 약속이 이루어진다. 이 약간의 여분이 바로 이자다.

이자를 말할 때는 보통 '연리 1%' 혹은 '연리 10%'…… 식으로 표현하는데 이것은 '1년'을 기간으로 해서 빌린 돈의 '몇 %'를 받는지 나타낸다. 1,000만 원을 '연리 1%'로 빌렸을 때 1년 후 갚아야 할 금액은 1,010만 원, '연리 10%'는 1,100만 원이 된다. 그 차이는 90만 원으로 적지 않은 액수다.

빌려주는 사람은 높은 이자로 해야 이익을 얻을 수 있고 빌리는 입장에서는 낮은 이자를 원할 것이다. 하지만 이자가 몇 퍼센트든 상관없다고 하면 제동이 걸리지 않기 때문에 '이자제한법'이라는 법률로 이자의 상한을 제한하고 있다. 상한이자는 시대와 함께 변하는데, 현재는 얼마일까? (우리나라는 이자제한법 〈제2조 1항〉에 금전대차에 관한 계약상의 최고이자율은 연 25퍼센트로 한다고 나와 있다 — 옮긴이)

일본의 경우는 다음과 같다.

- 100만 원 미만의 연리 상한은 20%

  → (예) 90만 원을 빌리면 1년 후 100만 8천 원을 갚는다.

- 1천만 원 미만의 연리 상한은 18%

  → (예) 900만 원을 빌리면 1년 후 1천 62만 원을 갚는다.

- 1천만 원 이상의 연리 상한은 15%

  → (예) 9,000만 원을 빌리면 1년 후 1억 350만 원을 갚는다.

상한금리가 설정된 경우는 위의 식처럼 된다. 그 이상의 이자로 돈을 빌려주는 것은 금지되어 있다.

이런 이야기를 수업에서 하면 금융업을 하고 싶다는 학생이 꼭 있다. 물론 자본금이 없으니 가공의 이야기인데 "연 15%잖아요. 10억 원을 갖고 있다고 치고 그걸 연 15%로 빌려주면 1년에 1억 5천! 와, 선생님 1년에 1억 5천만 원이에요. 괜찮지 않아요? 아무것도 안 해도 충분히 먹고살 수 있어요"라고 말한다. 그러나 실제로는 어려운 부분이 많다. 그것은 나중에 또 이야기하기로 하자.

이자라면 은행에 돈을 맡겨도 받을 수 있다(하지만 최근에는 이율이 너무 적어서 이자가 붙는다는 사실조차 잊어버릴 정도다). 이

원고를 쓰는 시점에서 보통예금의 연리 0.02%, 정기예금은 0.025%~0.04%다. (우리는 보통예금 1% 전후, 정기예금 1.2~2.0% 정도다 — 옮긴이) 10억 원을 보통예금으로 맡기면 1년 후 이자는 20만 원이다(실제로 10억 원을 예금한다고 하면 조건이 조금 더 좋아질 수 있다). 똑같은 10억 원인데 빌릴 때는 1억 5천만 원의 이자를 내야 하고, 맡기면 20만 원의 이자밖에 붙지 않는다니 이렇게 차이가 나도 되는 걸까.

다시 '암금융' 이야기로 돌아가자. 이것은 흔히 '사채'라고도 하는데 법률을 지키지 않는 불법 고금리로, 사채꾼은 이자제한법 상한을 넘어 돈을 빌려주는 업자다. 앞에서 말한 인기 만화책에서 주인공 사채꾼이 제시하는 금리는 '십오'가 기본이다. 그보다 더한 장면도 있는데, 십오도 계산해보면 엄청난 고금리다.

십오는 '열흘에 50%'라는 업계용어로 100만 원을 빌린 경우라면 열흘 후에 원금 100만 원과 이자 50만 원, 합계 150만 원을 갚아야 한다.

금리의 기본은 연리이므로 십오를 연리로 환산하면 열흘에 50%니까 하루에 5%, 1년은 365일이므로 연리로 환산할 경우 5%×365=1,825%가 된다. 즉 100만 원을 빌리면 1년 후에는 빌린 100만 원+1,825만 원=1,925만 원을 갚아야 하는 것이다. 좀처럼 믿기지 않는 액수다. 물론 법률 위반이나 변제의무는 없지만 빌리는 사람도 그런 불법사채업자에게 돈을 빌릴 만큼 복잡한 사정이 있어서 경찰에 신고하지 못한다. 사채는 사람의 그런 심리상태를 교묘히 파고들어 이용한다.

만화 주인공인 사채꾼이 빌려주는 금액은 한 번에 50만 원 정도다. 십오로 계산하면 열흘 후에는 75만 원을 갚아야 한다. 그러나 만약 전액을 갚을 수 없어 열흘 후 이자 25만 원만 갚고 이후에도 원금은 그대로 두고 이자만 갚는 식으로 1년을 계속하면 원래 50만 원을 빌렸어도 이자만 912만 5천 원을 갚아야 한다.

같은 50만 원이라고 해도 은행에서 연리 20%로 빌렸을 경우 1년 후 갚아야 할 금액은 60만 원이다. 사채를 쓰는 사람도 그런 것은 알고 있다. 그런데 왜 그들은 은행이나 소비자금융에서 돈을 빌리지 않을까? 답은 간단하다. 그런 곳에서는 돈을 빌려주지 않기 때문이다.

금융업자의 가장 큰 걱정거리는 빌려준 돈을 회수하지 못하는 것이다. 빌려줬는데 회수하기 어려운 돈을 '불량채권'이라고 한다. 최근에도 경기 변화가 심해서 불량채권이 대량으로 발생한다. 국내 대형 은행이 도산하고, 세계적으로도 많은 금융관계 회사가 도산하고 있다. 그만큼 돈을 빌려주는 데는 큰 위험이 따른다.

그래서 빌려줄 때는 받을 수 있는지 어떤지를 신중하게 심사하는데, 사채에 손을 대는 사람은 돈을 갚지 않은 경력이 있어 일반 은행에서 돈을 빌릴 수 없는 것이다.

만화책의 사채꾼이 빌려주는 것은 기껏해야 50만 원이다. 그러나 선이자를 떼거나 연금과 생활보호비 등의 원조금에서 이자를 떼어낸다. 이러한 행위도 법률로 금지되어 있는데 원래 불법적인 장사라서 사채꾼은 그런 것에는 전혀 신경 쓰지 않는다.

만화책을 읽으면 사채꾼에게 돈을 빌리는 사람들이 과연 보통 생활로 돌아갈 수 있을지 걱정될 정도다. 그들은 욕망에 제동이 걸리지 않는다는 공통점을 갖고 있다. 술, 도박, 연애, 약 등 의존증에 걸리기 쉬운, 욕망의 대상에 빠져버린 인물이 끊임없이 등장한다. 계기도 전혀 특별하지 않고 매우 사소하고 흔한 일이다. 자신도 그렇게 될 수 있다는 생각에 남의 일 같지 않다.

만화 속 사채꾼은 돈만 뜯어가는 피도 눈물도 없는 인물이지만 홀로 생활하는 집에 돌아와 죽은 어머니가 남겨준 토끼들에 둘러싸여 있을 때는 무척 온화한 얼굴이 된다. 인간의 추악

한 욕망을 이용해 돈을 버는 사채꾼인 만큼 한편으로는 수수하고 얌전한 토끼에게 위안을 받는 시간이 절대적으로 필요할지도 모르겠다.

나답게 살자

'나답다'란 어떤 의미일까

여러분은 '나답다'라는 말을 들으면 어떤 생각이 들까? 나는 상냥함, 배려, 결단력처럼 사람의 성격과 관련된 단어가 떠오른다. 그런데 "나답다는 것은 결국 무엇을 먹고, 무엇을 입고, 무엇을 갖고, 어디에 살고, 누구와 무슨 이야기를 하느냐는 의미가 아닐까"라는 누군가의 말을 들은 이후에는 구체적으로 그런 뜻이라고 이해했다.

'~답다'라고 하면 상냥한 사람 혹은 배려 깊은 사람 등 추상적인 이미지로 생각해도 되지만 '나답다'의 경우는 그럴 수가 없다. 그때그때 자신이 한 것, 해야 할 것을 정하는 것이기 때문이다.

예를 들어 대학에 진학할지 어떨지, 점심 도시락을 챙겨갈지 학생식당에 갈지, 시험 전에 친구와 놀지 공부를 할지 등등 '나답다'는 것은 매우 현실적인 선택이다. 이때는 상냥하다느니 결단력 있다느니 하는 추상적인 이미지는 아무 도움도 되지 않는다.

그리고 그 선택이 구체적이 될수록 현대사회에서는 돈 문제와 관련된다. '무엇을 먹고, 무엇을 입고, 무엇을 갖고, 어디에 사느냐'는 결국 돈 이야기다. 유일하게 '누구와 무슨 이야기를 할까'라는 주제는 돈과 관계없을 것 같은데, 막상 학생들의 대화를 들어보면 교제비 때문에 걱정이라고 할 만큼 친구와의 교제에도 돈 드는 일이 많아진 것 같다.

실제로 〈청소년의 생활과 돈에 관한 조사(제2회 2010년 금융홍보중앙위원회)〉 결과를 살펴보니 중·고등학생 모두 용돈 내역에서 '친구와의 외식·간식비'가 2위를 차지하고 있었다. 그 외에 중학생의 경우는 '친구 선물' 비용이 3위, 고등학생은 '휴일에 놀러갈 때 쓰는 교통비'가 3위였다. 이 내용을 보면 청소년의 교제비도 적지 않게 든다는 사실을 알 수 있다.

요즘 세상은 돈이 없으면 아무것도 할 수 없다. 그래서 '나답게 살고 싶어도 정말로 돈이 없어 못 한다'는 사람도 있을 것이다. 여러분은 어떨까. 돈이 있으면 지금보다 '나답게' 살 수 있을까?

참고로, 앞의 조사에서 '돈을 많이 저축하고 싶다'는 설문 항목에 '그렇다'고 답한 중학생은 89.1%, '그렇지 않다'는 4.7%였고 고등학생의 경우는 '그렇다'가 92.3%, '그렇지 않다'가 3.3%였다. 돈을 저축하는 목적에 대한 조사는 이루어지지 않아서 알 수 없지만 많은 사람이 돈을 갖고 싶어한다. 반면에 '부자는 근사하다'라는 항목에 '그렇다'고 대답한 중학생은 17.3%, '그렇지 않다'가 64.5%였고 고등학생은 '그렇다'가 21.7%, '그렇지 않다'는 60.1%로 나타났다. 이것은 돈을 어느 정도 갖고 싶지만 필요 이상으로 원하는 것은 아니라는 의미일까.

우리 학교 학생들도 늘 '용돈을 더 받았으면 좋겠다', '돈이 있으면 언제든 콘서트에 갈 수 있다, 다음 달은 아르바이트 시간을 늘려 돈을 더 벌어야 한다' 하고 돈 이야기를 한다. 하지만 그들도 전부 쓰지 못할 만큼 많은 돈은 원하지 않을 것이다.

그런데 돈이 충분히 있으면 '나답게' 살 수 있는 것일까? 지금까지 살아오면서 직접 혹은 간접적으로 많은 사람의 얘기를 들었는데 돈이 있다고 해서 반드시 행복한 것은 아닌 것 같다.

원하는 것을 전부 갖고, 하고 싶은 것을 전부 해도 행복을 느낄수 있는 것은 아니다. '나답다'는 것은 돈을 들여 얻을 수 있는 것이 아니라 자신의 선택에 만족할 수 있을 때 얻을 수 있는 감각이기 때문이다.

'나답게 산다는 것'은 자신의 생활방식에 자신감을 갖는다는 의미다. 패션이든 음식이든 놀이든 사람이든 자신의 선택에 스스로 납득할 수 있어 만족감이 상승한다. 그래서 그것은 즐겁고 충실한 인생이 된다.

그러나 여러분은 아직 어른의 보호 안에서 생활하고, 자립했어도 자유롭게 쓸 수 있는 돈이 적어 매일의 생활을 꾸려가는 것이 고작이다. 그래도 그 속에서 최선의 선택을 했다면 그것은 자랑스러운 일이고 분명히 미래의 귀중한 재산이 될 경험이된다.

돈이 있어도 최선을 선택하지 못하는 사람이 많다. 반대로 돈이 없어도 최선의 선택을 할 수 있는 '인생의 달인'도 있다. '나답다'를 결정하는 것은 사소한 일부터 중요한 일까지 매일의 일상에서 이루어지는 끊임없는 선택이다. 그렇게 생각하면 누구와 무엇을 먹고 그 사람과 어떤 대화를 나눌까도 매우 중요한 일이다.

그러나 물건과 정보가 넘쳐나고 모든 것이 엄청난 속도로 변하는 세상에서 물건 하나하나, 상황 하나하나를 자신 있게 선택하기란 쉽지 않다. 자신 있게 선택하려면 판단 기준이 되는 가치관이 전제가 되어야 한다. 3교시에서 그 필요성을 느낀 사람이 많을 것이다.

가치관은 사회에서 생활하면서 차츰 구축하고 획득해 나가는 생각이다. 기준이 되어야 할 사회 자체가 맹렬한 속도로 변화하기 때문에 가치관을 쉽게 정하지 못하는 것도 무리는 아니다. 그래서 권하고 싶은 것이 '진정한 나'를 체험하는 작업이다.

진정한 나를 파악하는 작업

내가 권하는 작업은 '최소한의 조건으로 혼자 살기'다. 이것은 종이에 쓰거나 상상으로 하는 작업이 아니다. 그래서 정확히 그 의미를 이해하기 어려운 사람은 더 구체적으로 '혼자 쓰는 방'이나 '혼자 쓰는 공간'이라는 형태로 응용하면 된다(자신의 책상이나 옷장 등 혼자서 관리할 수 있는 공간을 사용해도 효과가 있다).

> **작업** 최소한의 조건으로 혼자 살아보기

준비 ┆ ① 혼자 살기 위해 아무것도 없는 텅 빈 공간을 마련

한다. 이때 수도 시설 정도는 있어도 된다.

② 앞으로 '나 혼자 캠프'를 시작한다고 선언한다(자신에게 다짐한다).

③ 돈은 각자 형편에 알맞게 갖고 있으면 되는데 생활용품이나 갈아입을 옷 등은 최소한으로 준비한다(일이나 학교에 필요한 것만 최소한으로 갖춰둔다).

④ 처음의 하루 이틀은 침낭에서 자고 식료품도 1박 2일의 캠프 생활에 필요한 정도만 챙긴다.

⑤ 생활용품에서 '꼭 필요하다'고 생각한 것도 한동안 사는 것을 자제하고 '필요한 물건 리스트'에만 적어둔다.

⑥ 최소 일주일에서 열흘은 나 혼자 캠프를 계속하고 필요한 물건 리스트에 적은 것들 가운데 가게나 인터넷에서 디자인, 가격, 기능 등을 조사해 무엇을 살지, 또 자신에게 최고의 제품은 무엇인지 생각한다.

⑦ 정말 원하는 것을 설레는 마음으로 구입한다(물론 누군가에게 받아도 된다).

⑧ 자신의 방을 자신의 마음에 드는, 자신다운 물건

으로 채운다.

한편으로는 자신의 취향을 잘 알기 때문에 굳이 아무것도 갖지 않는 기간을 일부러 만들 필요는 없다고 생각하는 사람도 있을 것이다. 그러나 태어났을 때부터 각종 다양한 물건에 둘러싸인 생활을 해왔기 때문에 나답지 않은 물건, 필요 없는 물건이 나를 둘러싸고 있는 환경을 당연하게 여기게 되었다. 그러므로 소유하지 않는 생활을 통해 불필요한 것들을 도려내고 세간의 잡음을 차단해서 자신이 원하는 진짜 소리를 스스로 듣는 데서부터 나 혼자 캠프를 시작해야 한다.

이 작업을 경험하면서 소박한 생활을 하라는 권유는 아니다 (소박한 생활도 그것대로 좋지만). 더 중요한 것은 사소한 외부 환경에 흔들리지 않는 '자신만의 가치관'을 갖자는 의도다.

물건과의 만남은 어떤 의미에서 보면 새로운 자신과의 만남이다. 그 만남에 정답이나 오답은 없다. 이것은 스스로 납득할지 어떨지의 문제다.

정답을 추구하면 어쩔 수 없이 '제대로 산 게 맞는 건가' 하고 불안해지지만 납득에는 그런 것이 없다. 마음에 들거나 들지 않거나 둘 중 하나다. 그것이 자신의 가치관이다. 주위 사람이 뭐라고 말하든 상관없다.

교사로서 보면 학교에서도 정답을 맞히는 훈련을 계속한 결과 매사에 정답을 우선하는 사람이 많다(그들은 타인의 의견에 과하다 싶을 만큼 귀를 기울인다).

그러나 나다운 선택을 하는 데 모범답안은 오히려 방해가 된다. 모든 일에 스스로 결정하지 못하는 사람이라면 이건 정말 큰일이다. 자신감을 갖고 스스로 선택할 수 있을 때까지 최대한 간소한 생활로 감성을 키우는 연습을 하자. 동시에 '나답다(가치관)'란 무엇인지에 대한 해답을 찾아가 보자.

나는 지금까지 일곱 번 이사를 다녔다. 완전한 우연인데 그중 몇 번은 이 작업과 비슷한 상황이었다. 나는 그때 이사하기 전의 텅 빈 방에서 나는 '어디에 무엇을 놓을까' 하는 고민 대신 '이대로 아무것도 없이 살면 널찍하니 정말 좋겠다'고 생각했다.

그렇게 전기도 들어오지 않는 텅 빈 공간에 앉아 있다 보니 어느새 창문 너머로 아름다운 저녁노을이 지는 것이 보였다. 곧 주위가 어두워지고 공기도 서늘해졌다. 이윽고 캄캄한 방에 촛불을 밝히자 어두운 내 그림자만 벽 위에서 흔들렸다. 그때 나는 '앞으로 어떤 식으로 살아야 할까'를 처음으로 진지하게 생각해보았다. 그것은 대자연 속에 오로지 혼자 있을 때 찾아오는 것으로 '살아 있는 상태에서 세계와 마주하는 감각'에 가깝다.

매일을 물건과 사람에 둘러싸여 허둥지둥 보내다 보면 사회적인 지위(자신이 세상에서 이룬 역할)와 소유하는 재산(돈이나 물건)이 '자신' 자체(나는 이런 식으로 사는 인간이다)라고 생각하게 된다.

그러나 물건과 사람들로부터 거리를 두고 '나는 누구인가'를 생각할 시간을 가지면 또 다른 자신이 보이고, 보다 본질적인 부분을 깨닫게 된다. 이것은 매우 의미 있는 작업이다.

그런 자각을 등산이나 여행 같은 특별한 경험보다 생활에 밀착한 일상 속에서 체험할 수 있다면 진정한 나에 가까워지지 않을까. 최소한의 조건으로 혼자 살아보기는 어떤 수준이든 상관없다. 할 수 있는 것부터 시작해보자.

용돈기입장을 적으면 보이는 것들

여러분은 자신이 매일 무엇에 돈을 썼는지 기억하고 있을까. 어제라면 바로 기억이 날지 모르지만 한 달이나 1년 전의 소비는 기억하지 못하는 것이 보통이다.

돈의 사용처를 기억하건 기억하지 못하건 반드시 용돈기입장을 적어보자. 자신의 돈이 어디에 쓰였는지 정확히 볼 수 있다. 그러고 나면 생각지 못한 자신을 만날 수 있다. 이미 적고 있는 사람은 벌써 알지 못했던 자신을 만났을지도 모른다.

프롤로그에서 언급했듯이 자신의 돈은 자신이 자유롭게 쓸 수 있는 돈이다. 용돈기입장에는 자유롭게 쓸 수 있는 돈만 기록해도 된다.

세뱃돈을 강제적으로 저축한 것이나 혼자 생활해서 월세나 광열비를 내는 경우라면 그것들은 제외한다.

처음에는 일단 기록하는 것에만 중점을 두자. '괜한 데 돈을 썼네!'라는 자학과 반성은 필요 없다. 그것이 낭비였는지 아닌지 그 판단은 뒤로 미루기로 하고 우선은 정확히 기록해서 무엇에 썼는지 확인하는 데 전념하기로 한다.

자유롭게 쓸 수 있는 돈이 있을 때 그것을 어떤 용도로 쓰는지에 대한 기준을 보면 '나다움'을 알 수 있다. 물론 돈에 한정한 얘기지만 이것으로 자신의 가치관과 관심사가 확실하게 드러난다. 예를 들어 생각해보자.

◇A군(고등학교 1학년) ⋯ 용돈(월 5만 원)

월 / 일	항목	지출
/	빵 1개	1,080원
/	만화책(주간지)	2,550원
/	주스	1,600원
/	컵라면	1,230원

A군의 경우에는 어머니가 점심 도시락을 챙겨준다. 하지만 한창 성장기인 A군은 그것만으로는 부족해 용돈의 대부분을

군것질에 쓴다는 것을 알 수 있다. 그는 문구용품, 옷값, 모의시
험 비용 등을 필요할 때 부모님께 받아쓰고, 휴대전화 요금은
가족 할인 때문에 아버지의 은행 계좌에서 빠져나간다. 이런
식으로 분석하면 늘 배가 고픈 A군이지만 좋아하는 만화만큼
은 끊지 못하는 A군의 성향을 볼 수 있다.

다음은 B양이다.

◇ B양(고등학교 3학년)··· 용돈(월 10만 원)

월 / 일	항목	지출
/	노트(5권 세트)	3,750원
/	옷값	14,800원
/	헤어슈슈(곱창밴드)	3,260원
/	립밤	2,480원
/	패션잡지	5,000원

A군보다 용돈이 5만 원이나 많은 B양은 어떨까. 가진 돈이
많은 만큼 소비하는 돈도 많다. 용돈으로 옷도 사고 헤어 액세
서리를 산다. B양은 A군처럼 군것질에 쓰지 않고 외모 가꾸는
데 대부분의 돈을 쓴다.

무엇에 돈을 썼는지 기억하고 있나?

용돈을 기록하는 행위는 리코딩 다이어트(Recording Diet)와 비슷하다. 이것은 다이어트 방법 중 하나로 매일 먹은 음식과 체중을 기록하는 것이 다이어트의 전부다. 그것만으로 정말 효과가 있을지 조금 의아할 텐데, 먹은 음식을 기록하다 보면 과식이나 편식을 눈으로 확인할 수 있어서 자연스럽게 음식에 조심하게 되고 그러다 보면 적정 체중에 가까워진다는 이론이다.

그 외에도 '몸무게만 재는 다이어트'라고 해서 매일 체중을 확인하는 다이어트도 있다. 이 방법은 자신의 체중을 확인함으로써 식사량과 운동량이 체중에 주는 영향을 의식하게 되고, 매일의 생활에 주의를 기울인 결과 체중감량으로 이어진다.

돈에 대해서도 마찬가지다. 기록할 때마다 '왜 이런 것에 돈을 썼을까' 하고 반성하는 자세로 덤벼들지 말고 '기록은 즐겁다'는 편안한 마음가짐으로 가볍게 시작하자. 기록을 통해 드러나는 자신과 자신의 소비 경향을 관찰하는 것이다. 그렇게 하면 바꾸고 싶은 점, 바꾸고 싶지 않은 점을 한눈에 알 수 있다.

수입과 지출이 맞지 않는다거나 기록하는 것을 깜빡했는지 여부 등에 너무 세세하게 신경 쓸 필요는 없다. 지속적으로 기록하는 것이 더 중요하다. 꾸준히 기록하다 보면 서서히 변화가 일어난다. 변해가는 자신을 설레는 마음으로 기대해보자.

용돈기입장을 써보자

용돈기입장에는 여러 종류가 있다. '언제, 무엇에, 얼마를 썼나'를 기록하는 것이 일반적인 형태다. 지금은 인터넷에서도 쉽게 찾을 수 있고 무료 애플리케이션을 활용할 수도 있다. 자신에게 맞는 것을 골라 지속적으로 기록하면 된다.

용돈기입장은 일반적으로 날짜, 항목, 내용, 수입, 지출, 잔고로 나뉘어 있다(표4). '항목'이란 대략적인 분류로, 이후에 항목 단위로 그래프를 그려 전체적인 균형을 보는 데 사용한다. 어떤 항목으로 할지는 자신이 정하면 된다.

'내용'은 구체적으로 무엇에 돈을 썼는지 간단히 기록한다. 기록을 좋아하는 사람은 상세하게 기입하고 크게 신경 쓰지 않는 사람은 간략하게 쓰면 된다. 그래도 자세히 써두면 시간이 지난 후 다시 보았을 때 당시 상황을 자세히 알 수 있어서 귀중한 기록이 되는 장점이 있다. 용돈기입장보다 단계가 높은 가계부는 개인의 기록뿐 아니라 시대와 사회 상황을 엿볼 수 있는 실마리가 되기도 한다.

직접 기입하기 귀찮은 사람은 휴대전화나 컴퓨터로 관리하면 자동으로 계산해주고 그래프도 간단히 그릴 수 있어 무척 편리하다.

[표4] 용돈기입장의 예 ① — 일반적인 형식

날짜	항목	내용	수입	지출	잔고
5/1	이월		7,800		7,800
5/1	수입	용돈	50,000		57,800
5/3	식비	군것질(초콜릿)		1,800	56,000
5/6	교통비	지하철비		3,200	52,800
5/6	교제비	노래방(M과 A와 함께 셋이서)		8,700	44,100
5/10	교제비	어버이날 꽃		8,900	35,200
5/13	문구용품	수첩		8,400	26,800
5/14	교양 오락비	잡지(○○○)		6,800	20,000
5/17	교양 오락비	영화(○○○)		12,000	8,000
5/17	식비	팝콘 등		6,300	1,700
5/20	수입	U 아저씨가 준 용돈	10,000		11,700

개량형 용돈기입장

　일반적인 용돈기입장은 주로 돈을 '무엇에' 썼는지 기록하게 되어 있다. 그런데 기왕이면 따로 시간을 들여 애써 기록하는 것이니 돈의 관리뿐 아니라 한 걸음 더 나아가 돈의 사용법을 통해 자신의 인간관계를 점검해 보는 것은 어떨까.

　'용돈기입장으로 그런 것도 할 수 있나' 하고 의아할 텐데 전혀 어렵지 않다. 용돈기입장의 항목을 바꾸거나 칸을 늘려 '누구를 위해 썼나' 하는 항목을 더하면 된다. '누구를 위해서'의 항목 내 분류는 다음의 세 가지다.

　① For ME- 자신을 위해 썼다

② For YOU – 특정한 사람을 위해 썼다

③ For US – 자신을 포함해 여러 명을 위해 썼다

내친 김에 '이유'나 '기분'도 메모하면 보다 충실한 내용이
된다. 기분은 기호로 표시하는 것이 좋다. 예를 들어 '기쁘다',
'즐겁다'는 ◎, '보통'은 △, '재미없다', '위기'는 ×로 표시하는
것이다. 이렇게 하면 돈을 썼을 때의 기분을 잘 알 수 있다.

'용돈기입장의 예 ①'〈표4〉를 이런 식으로 변형하면 뒤에 나
오는 〈표5〉가 된다.

여러분은 이 용돈기입장에서 무엇이 보일까? 돈, 시간, 노력
그리고 무엇이든 자신을 위해서 쓸 때가 있고, 누군가를 위해
혹은 자신을 포함한 모두를 위해 쓸 때가 있다는 사실을 알 수
있다. 또 돈을 제대로 썼는지 아닌지를 확인하기보다는 얼마나
균형을 이루고 있는지가 '나다움'을 나타내는 지표가 된다. 시
간과 노력을 분류해 기록하기는 무척 어렵지만 돈은 간단하다.

그렇다고 해도 각각의 경계는 조금 애매하다. 예를 들어 ㉠
의 군것질은 '한창 맛있게 먹고 있는데 여동생이 먹고 싶은 눈
빛으로 쳐다봐서 반을 나눠주었다'면 'For ME'가 'For US'로
바뀌고 ㉡의 영화도 'W와 같이 갔다'가 포인트라면 마찬가지

[표5] 용돈기입장의 예 ② — 점검판(단, 내용은 용돈기입장 ①과 같다)

날짜	항목	내용	수입	지출	잔고	For	이유	기분
5/1	이월	이월	7,800		7,800			
5/1	수입	용돈	50,000		57,800			◎
5/3	식비	군것질⊙		1,800	56,000	ME	학원 수업이 끝나고 배가 고팠다	○
5/6	교통비	지하철비		3,200	52,800	US	M과 A와 함께 노래방에 갔다	△
5/6	교제비	노래방		8,700	44,100	US	오랜만에 재미있었다!	◎
5/10	교제비	어버이날 꽃		8,900	35,200	YOU	좋아하셨다. 늘 감사해요	◎◎
5/13	문구용품	수첩		8,400	26,800	ME	스케줄 관리 열심히	○
5/14	교육 오락비	잡지		6,800	20,000	ME	이것만큼은 안 살 수 없어	◎
5/17	교육 오락비	영화ⓛ		12,000	8,000	ME	전부터 보고 싶었다(W와 같이)	◎
5/17	식비	팝콘 세트		6,300	1,700	ME	망설였다 용돈 위기!	×
5/20	수입	용돈	10,000		11,700		U 아저씨, 너무 좋아!	◎◎

로 'For ME'가 아니라 'For US'가 된다. 분류는 세세하지 않지만 자신이 어떤 기분으로 그 돈을 썼는지에 관한 기록이므로 그때의 기분을 기입하는 것이 좋다.

이 용돈기입장을 들여다 보면 '살아 있는 돈'이라는 말이 떠오른다. 나는 이 말을 어릴 적에 자주 들으며 자랐다. 그때는 돈을 제대로 쓰라는 의미라는 것은 알겠지만 구체적으로 어떻게 쓰라는 것인지 잘 이해가 되지 않았다.

지금은 '같은 돈이면 자신을 포함한 보다 많은 사람이 행복하도록 써라'는 의미로 해석할 것이다. '행복'이라는 것도 상당히 애매한 가치인데 돈에 관해서 말하면 '모두가 즐거워지도록 써라'는 의미가 아닐까.

앞의 용돈기입장의 항목으로 말하면 'For US'다. 그리고 자신의 돈이니 누구보다 자신이 행복해져야 한다. 〈표5〉의 용돈기입장에 적힌 W와 영화를 보러 갔다는 이야기를 예로 들면 영화를 보고 난 후 영화 이야기로 분위기가 화기애애해졌다거나 다른 관객들도 좋아하는 모습을 보고 더욱 기분이 좋았다거나 등등 자신이 행복했고 주위 사람도 행복했던 그야말로 '살아 있는 돈 사용법'이라고 할 수 있다. 그런 돈은 액수를 떠나 기분 문제이므로 분명히 좋은 기운이 돌고 돌아 다시 자신에게 돌아올 것이다. '돈은 돌고 돈다'는 진짜 의미는 그런 것이 아닐까. 이 경우에는 돈을 쓰는 상황에서 '고맙다', '즐거웠다'는 말이 넘쳐난다. 돈으로 사람의 기분을 살 수는 없지만 돈을 통해 기분을 나눌 수는 있다. 그렇게 돈 쓰는 좋은 방법을 알아두면 생활이 좀 더 풍요로워질 것이다.

예산과 결산

　지금까지는 '나답게' 돈 쓰는 방법을 생각해보았다. 다음은 한 단계 나아가 돈을 쓰는 계획에 대해 생각해보자. 돈을 쓰는 계획 즉 예산 세우기다.

　조금 비싼데 갖고 싶은 물건이 용돈으로는 도저히 해결이 안 될 때는 누구나 그것을 구입하기 위한 작전을 세운다. 매달 용돈에서 일정액을 저축한다거나 세뱃돈을 쓰지 않고 모아두기, 사줄만 한 사람에게 부탁하기 등은 나름 훌륭한 작전이다.

　그러나 예산의 관점에서 보면 사정이 조금 달라진다. 갖고 있는 돈의 전액에서 무엇에 얼마를 쓸지 계획을 세우는 것이 예산이기 때문이다. 물론 저축도 예산의 일부다. 저축하는 데도 목

146

적이 있다. 예를 들어 앞으로 목적했던 뭔가를 산다거나 만일의 경우를 위해 목돈을 모으거나, 수시로 통장의 잔액을 확인하는 것 등등이 모두 돈을 어떻게 쓸지 그 사용법에 대한 계획이다.

가령 매달 5만 원 씩 용돈을 받으면 1년이면 60만 원이 된다. 적지 않은 액수다. 세뱃돈 등의 임시수입을 계산에 넣을 수 있으면 그것들도 더한다. 이것이 연간수입이다. 세뱃돈으로 얼마나 받을지 모르는데 무조건 더해도 될지 고개를 갸웃거릴 수도 있지만 예산이니까 예상만으로 충분하다. 예측하는 것이 목적이므로 수입도 예정액으로 생각한다. 이때 과거의 기록이 있으면 세뱃돈을 어느 정도 예측할 수 있어서 편리하다. 예측하기가 훨씬 쉽다.

이렇게 수입을 예상했으면 다음은 지출을 생각한다. 용돈기입장을 적는 사람은 무엇에 얼마를 쓰는지 과거의 기록을 참고로 대략적인 예상이 가능하다. 그러나 용돈기입장을 적지 않는 사람은 조금 어려운 작업이 될 수 있다.

중고생인 여러분이 '예산을 세우자'고 생각할 때는 장래 뭔가 큰 지출을 예정하고 그것을 위해 자금 변통 작전을 세우는 경우가 대부분일 것이다. 물론 그것이 값비싼 물건을 구입하는 경우일 수도 있고 저축액이 목표일 수도 있다.

매달 용돈이 5만 원인 사람이 1년 후에 30만 원을 만들고 싶을 때는 매달 용돈에서 2만 5천 원씩 저금하면 30만 원을 모을 수 있다. 그렇게 하면 매달 나머지 2만 5천 원으로 생활해야 한다. 예산을 세울 때의 포인트는 그것을 실현할 수 있는지 어떤지를 판단하는 것이다.

　문구용품, 잡지 구입비, 군것질, 친구와의 교제비 등으로 매달 얼마를 쓰고 얼마까지 줄일 수 있는지 등을 생각하는 것이 '예산 세우기'다. 자세히 검토하고 생각하면 매달 저축할 수 있는 금액이 1만 5천 원 정도라는 결과가 될 수도 있다.

　만약 매달 1만 5천 원씩 저축하기로 정했다면 용돈을 받은 시점에서 먼저 1만 5천 원을 따로 떼어둔다. 그리고 그 돈에는 절대 손대지 않는다. 저축할 금액은 처음에 구분해두는 것이 원칙이다. 가능하면 남은 돈도 문구용품, 잡지 구입, 교제비 등으로 나눠 각각 주머니에 넣어둔다. 그리고 다른 주머니의 돈을 유용하지 않도록 한다. 이렇게 정확히 나눠서 관리할 수 있으면 '또 너무 많이 써버렸네!' 하고 후회하는 일은 일어나지 않는다.

　이 예산대로 된다면 1년 후 모이는 금액은 18만 원이다. 목표인 30만 원에는 12만 원이 부족하다. 이렇게 되면 같은 방법으로 8개월을 더 계속해서 30만 원이 될 때까지 기다릴지 세뱃돈, 아르바이트비로 부족분을 메울지 그 부분 역시 예산을 세운다.

예산 세우기는 자신의 돈을 어떻게 쓸지 생각하는 작업이다. 그래서 자신의 라이프스타일과 직결되고, '나다움'이 강하게 반영된다. 그것은 장래에 대한 예측이기도 하다. 살다보면 예측하지 못한 돌발적인 일도 얼마든지 발생할 수 있으므로 이것에 대비할지 어떨지를 고려하는 것도 나다움이 드러나는 부분이다.

'결산'은 자신의 예상이 정확했는지 그 사용법으로 만족하는지를 점검하는 작업이다. 이때 만족하지 못했다면 다음 예산 세우기 때 부족한 부분을 수정해야 한다.

여유를 갖고 예산을 세웠는데 친구들과의 잦은 약속으로 교제비 항목이 적자인 경우도 있을 것이다. 어른들도 흔히 경험하는 일이다. 중고생은 부모를 졸라 용돈을 가불할 수 있지만 사회인은 그럴 수 없다. 그러니 부족할 때마다 '빚'을 져서는 곤란하다.

예산은 어디까지나 예측이다. 예측은 빗나가는 것이 당연하다. 예정 외의 지출이 있을 때마다 당황해선 안 된다. 그래서 늘 얼마간의 예비비, 즉 당장은 쓸 예정이 없는 돈을 따로 떼어

갖고 있는 것이 현명하다. 여러분의 경우에는 예비비로 얼마나 필요할까? 한 달에 10만 원, 20만 원의 예비비가 필요한 사람은 없을 것이다. 용돈기입장으로 예산과 결산을 반복하다 보면 자신의 생활 스타일을 알 수 있어서 그런 금액도 저절로 알게 된다. 그래서 용돈기입장을 적극 활용하라고 강조하는 것이다.

예산 세우기, 결산하기는 익숙해지면 어렵지 않게 할 수 있다. 지속하면 일정한 틀이 생겨 생각하는 습관을 갖고 머릿속에 예상하며 합리적으로 생활할 수 있다.

예산을 세우고 결산을 할 때는 '돈이 좀 더 많았으면' 하고 불평해서는 안 된다. 예산과 결산은 자신이 돈을 관리하는 습관, 즉 '내가 내 돈의 주인이다'는 감각을 익히는 연습임을 잊지 말자.

'돈이 좀 더 많았으면' 하는 것은 '돈이 많으면 다른 것을 할 수 있다'는 의미로 돈의 많고 적음에 따라 행동이 달라지는, 돈이 자신의 행동을 통제하는 상태임을 의미한다.

진짜 하고 싶은 것이 있다면 돈이 있건 없건 일단 시작한다. 있으면 있는 대로 없으면 없는 대로 생각만 확실하면 어떻게든 된다. '돈이 많았으면' 하는 불평은 결국 행동하지 않기 위한 하나의 변명일 뿐이다.

자신의 힘으로 설 수 없을 때

하지만 돈이 너무 없어 생활조차 할 수 없게 되었을 때는 어떻게 해야 할까. 그때도 너무 걱정할 필요는 없다. 일본의 〈헌법〉에는 다음과 같이 쓰여 있다.

제25조(생존권, 국가의 생존권보장의무)

① 모든 국민은 건강하고 문화적인 최소한의 생활을 영위할 권리를 갖는다.

② 국가는 모든 생활면에 대해서 사회복지, 사회보장 및 공중위생 향상 및 증진에 노력해야 한다.

(우리나라는 〈헌법 34조〉에 모든 국민은 인간다운 생활을 할 권리를

가지며 국가는 사회보장·사회복지의 증진에 노력할 의무를 진다고
되어 있다 — 옮긴이)

10대 청소년들은 아직 와 닿지 않을 것이다. 그러나 살다보
면 실업, 질병, 해고 등 언제 어떤 일이 일어날지 모른다. 다행
히 상상도 못한 재해가 덮쳤을 때도 국가가 건강하고 문화적인
최소한의 생활을 보장해준다. 그래서 우리는 안심하고 살아갈
수 있다.

또 마음을 진정시키고 주위를 둘러보면 주변에 친절한 사람
이 많다. 어려운 일을 당하면 서로 돕고 그것으로도 해결되지
않을 때는 공적인 지원을 받는다.

일본은 사회적인 지원제도가 불충분한 부분도 있지만 나름
대로 잘 정비되어 있다. 각각 조건은 있지만 실업 상태에 있
으면 실업보험을 받을 수 있고, 해고를 당했을 때는 헬로워크
(Hello Work, 공공직업안정소)에서 재취업이나 직업훈련 상담을
받을 수 있다. 생활이 어려우면 생활보호를 받을 권리도 있다.
그 외에도 여러 제도가 있다. (우리나라는 고용보험에 가입한 근로
자가 실직했을 경우 재취업 활동을 하는 기간에 소정의 급여를 지급해
주는 실업급여제도가 있다. 또 고용복지플러스센터www.workplus.

go.kr를 통해 직업훈련 서비스 정보 등을 확인할 수 있고 복지로www.
bokjiro.go.kr에서는 자신에게 맞는 복지 서비스를 알아볼 수 있다 ─
옮긴이)

공적지원이 부족하거나 충분하지 않을 때는 제도를 충실히
할 수 있도록 목소리를 내야 한다. 얼마 전 문제가 되었던 보육
시설의 대기아동 실태가 그 좋은 예다. 일을 하기 위해 보육시
설에 아이를 맡기고 싶어도 맡길 수 없는 부모들이 적극적으로
행정에 의견을 내어 지금은 조금씩 상태가 호전되고 있다. 또
생활보호 신청 역시 행정은 그 자격 대상을 더욱 제한하고 있
지만 지원자의 협력으로 수급에 이르는 경우가 늘고 있고 이후
생활보호 대상자에서 벗어나는 생활재건으로 이어진다는 보
고도 있다.

사회복지제도는 당사자들이 목소리를 높이고 주위가 지원
하는 것으로 그 시대의 상황에 맞게 만들어진다. 사람들의 의
견이 제도를 충실하게 하고 앞으로도 그럴 것이다.

최근에는 재난과 관련해서 수원력(受援力)이라는 말이 자주
등장한다. 이것은 여러 가지 의미로 사용되는 신조어인데 한마
디로 어려운 일을 당했을 때 '사양하거나 창피해하지 말고 한
걸음 앞에 나서서 도움을 요청하는 용기를 갖자'는 말이다.

원래는 자치단체가 '재해시 봉사자의 지원을 받는 능력'이라는 의미로 처음 사용했다고 한다. 큰 재해가 생겼을 때 많은 봉사자들이 현지로 달려가는데 지원을 받는 쪽의 태세가 갖춰지지 않으면 봉사자들이 충분히 활약할 수 없다. 도움을 요구하는 행위가 있어야 비로소 성립된다.

그래서 일본에서는 '수원력'이라는 용어가 만들어졌다. 이 용어는 그것이 비상시뿐 아니라 일상에서 어려움에 처한 사람도 마찬가지라는 의미로 자주 쓰이게 되었다. 지원하는 마음과 제도가 있어도 누가 도움을 바라는 사람인지 모르면 아무것도 할 수 없다. 지원받고 싶은 사람이 손을 들어야 비로소 지원이 시작되는 것이다. 어려움에 처하면 눈치 보거나 사양하지 말고 누구나 손을 들 수 있는 세상이 되어야 한다는 바람을 이 단어에 담은 것이다.

그러나 막상 현실에서 자신이 약자가 되어 어려운 상황에 처했을 때를 생각하면 쉽게 용기를 내어 손을 들 수 없을지도 모른다. 누가 유행시켰는지 사람들은 가장 먼저 '자조노력(自助努力)'이라는 말을 떠올리기 때문이다. 하지만 그런 때 누군가 먼저 "괜찮아요?" 하고 말을 걸어주면 얼마나 기쁠까. 또 어디로 상담을 받으러 가야 할지 구체적으로 알려주면 진심으로 고

마울 것이다. 그렇지 않으면 객관적으로 보았을 때 어려운 일을 당했어도 '이 정도는……' 하고 혼자 견뎌내려고 할 것이다.

당사자의 의견을 들어 제도를 개선하는 것도 필요하지만 그 제도를 활용하기 위해서는 우리의 행동이 중요하다. '나와는 관계없다', '더 노력하면 된다', '더 힘든 사람도 많다'는 식의 태도가 어려움에 처한 사람에게서 '수원력'을 빼앗아버린다.

지금 이 사회에 필요한 것은 바로 배려하는 힘, 참견하는 힘이 아닐까. 힘들 때 빠른 시기에 지원이 가능하면 사회적으로도 짧은 시간 안에 적은 비용으로 회복할 수 있는데 지원 시기가 늦어질수록 결과적으로 오랜 시간 많은 비용이 드는 지원이 필요하다.

여러분 주변에도 상대의 입장을 존중하며 적당히 참견할 수 있는 '삶의 달인' 같은 사람, 그런 사람이 있지 않을까. 그런 사람이 주위에 있으면 힘들 때 의지가 된다. 이런 태도를 갖춘 사람은 사회적으로 소중한 존재로, 이들의 활동이 사회의 위험을 낮추고 사회적 비용도 줄여준다는 것을 우리는 상기해야만 한다. 자신이 되고 싶은 사람의 후보 목록에 이러한 삶의 달인을 올려도 좋을 것이다.

급식시간

오사카 사람은
입맛이 까다롭다?

외식은 즐거워

오사카 사람은 외식을 하고 밥값을 낼 때 가게 주인에게 "고맙습니다", "잘 먹었습니다" 하고 말한다. 나도 꼭 "잘 먹었다"고 인사한다. 음식이 입맛에 맞았을 때는 "정말 맛있었다"고 칭찬의 말을 덧붙인다. 환해지는 주인의 얼굴을 보면 나도 저절로 기분이 좋아진다.

어릴 적부터 부모님이나 다른 어른들이 "잘 먹었다"고 말하는 것을 보고 자라 몸에 밴 습관이다. 오사카 사람들을 일일이 조사하지는 않았지만 아마도 '고맙다고 인사해라'는 교육을 따로 받은 적은 없을 것이다. 그들 역시 나처럼 어른이 하는 것을 보고 어린 마음에도 '보기 좋다'고 느껴서 자연스럽게 말하게 되지 않았을까.

이전에도 처음 들어간 가게의 음식이 너무 맛있어서 '나는 만들려고 해도 만들 수 없는 맛있는 음식을, 그것도 이렇게 양심적인 가격에 먹게 해주다니 정말 고맙다'는 생각이 절로 들었다. 그래서 주인에게 진심으로 "잘 먹었습니다" 하고 인사했다. 물론 "정말 맛있었습니다, 다음에 또 오겠습니다"는 말도 잊지 않았다.

이렇게 말하면 나를 착한 사람으로 오해할 수도 있지만 외식할 때의 나의 행동을 돌아보면 꽤 까다롭게 대응할 때도 있다. 단골이 아닌 처음 간 음식점의 경우에 음식이 종종 입맛에 맞지 않는 경우가 있다. 그런 때는 일단 "잘 먹었다"고 말하지만 얼굴은 웃지 않는다. 쌀쌀맞게 밥값을 계산하고 서둘러 가게를 나오면서 속으로 '이런 맛, 이런 서비스에 돈을 받다니. 두 번 다시 오나 봐라' 하고 중얼거린다.

'두 번 다시 가지 않는다'고 정한 나의 기준은 다음과 같다.

① 맛이 없으면 두 번 다시 가지 않는다(당연하다).
② 값은 비싸면서 맛이 보통이면 두 번 다시 가지 않는다(나는 맛과 가격이 합리적이지 않는 것에 상당히 엄격하다. 맛이 있어

도 너무 비싸면 안 된다. 서비스를 포함해서 제시한 가격에 알맞는 음식을 제공하지 않은 경우 만족보다는 불만이 크다).

③ 종업원의 태도에 느낌이 좋지 않으면 두 번 다시 가지 않는다(나는 외식을 즐긴다. 그래서 종업원 때문에 기분이 상하면 최악의 외식이 되어버린다. 두 번 다시 안 간다. 주인 입장에서는 '마침 서툰 아르바이트가 대응했다'고 변명하기도 하는데 나는 누가 직원이고 누가 아르바이트인지 모른다. 당연히 종업원 교육이 안 되어 있는 나쁜 가게 리스트에 올린다).

④ 청소가 되어 있지 않거나 가게 분위기가 나쁘면 두 번 다시 가지 않는다(나는 불결한 가게에서 식사하고 싶지 않다. 음악, 냄새, 다른 손님의 행동 등 차분히 먹을 수 있는 분위기가 아니거나 자신의 취향과 감각에 맞지 않을 때도 두 번 다시 안 간다).

⑤ 줄을 길게 서거나 오래 기다려야 하는 가게에는 거의 가지 않는다(최근에는 줄 서는 것이 유행인 모양이다. 줄 서기를 좋아하는 사람이라면 기다리는 것이 즐겁겠지만 나는 기본적으로 줄을 서면서까지 먹고 싶지는 않다. 시간은 금이다. 기다리는 시간에 음식 값까지 더해도 먹을 만한 가치가 있다고 판단했을 때만 줄을 선다).

생각해보면 이런 기준은 음식점 외에도 적용할 수 있다. 돈을 쓸 때는 마음 속으로 정해둔 자신만의 양보할 수 없는 선이 있기 때문이다.

표면적으로 그것은 '돈에 상응하는 물건이나 서비스'가 제공되는지의 기준이다. 오사카 사람은 만나기만 하면 물가 얘기를 한다고 하는데 오사카 토박이인 나도 물가에 매우 예민하다. '물건이나 서비스'의 가치에 비해 매겨진 가격이 '비싸다'고 생각하면 기본적으로 구입하지 않는다. 그것은 나에게 양보할 수 없는 선이다.

반대로, 물건이나 서비스의 가치에 비해 '싸다'고 생각하면 무조건 구입하고 그것을 가족이나 친구에게 이야기한다. 값어치 있는 것을 저렴하게 구입한 자신을 자랑하고 싶은 기분도 조금 있지만 무엇보다 좋은 물건을 저렴하게 제공하는 가게에 감동해서 입소문을 내주고 싶은 마음, 그래서 그런 곳은 장사가 더욱 잘 되기를 바라는 순수한 마음이 더 강하다. '좋은 가게'를 발견했다는 것, 그런 좋은 가게가 존재한다는 사실에 단순히 기쁜 것이다.

물론 물건이나 서비스에서 가격만 따지는 것은 아니다. 가게가 손님을 이용해 돈벌이를 할 생각만 하면 결과적으로 질이 떨어지고, 손님을 대하는 태도에도 그런 자세가 자연히 드러난다. 반대로, 손님의 기쁨을 우선으로 생각하면 물건이든 서비스든 품질을 유지하면서도 최소한 이윤을 남기는 가격으로 제공할 것이고 손님을 대하는 태도 역시 좋을 수밖에 없다. 결국 가게가 '돈'과 '손님' 중 무엇에 초점을 맞추느냐가 관건이다.

가령 나는 음식 값이 저렴한 가게, 비싼 가게(상대적으로 나에게 비싸다고 느껴지는 것일 뿐, 객관적으로 고급 음식점은 아니다) 모두 가지만 즐겨가는 곳은 대체로 정해져 있다. 내가 먹고 인정할 수 있으면 반드시 단골이 되기 때문이다. 물건을 구입할 때도 마찬가지다.

관심이 가는 곳이 생기면 들여다볼 때도 있는데, 두 번 다시 가지 않는다는 기준에 걸리는 경우가 꽤 있어서 결국 단골집으로 돌아간다. 그곳이 음식점이라면 '이렇게 맛있는 음식을 만들어줘서 정말 고마워요, 건강에 신경 써서 늘 이 자리를 지켜주세요' 하고 속으로 기도하게 된다.

야생의 혀를 되찾자

최근에는 맛집 순례가 인기라서 텔레비전을 켜면 음식 관련 프로그램이 빠지지 않는다. 먹는 것을 직업으로 하는 음식 전문 리포터가 적잖이 있는 것을 보면 음식에 대한 사람들의 관심이 어느 정도인지 알 수 있다.

음식 관련 프로그램의 종류도 다양한데 텔레비전을 보면 직접 산지를 방문해 재료의 질에 대한 우수함을 소개하는 장면이 자주 소개된다. 리포터가 갓 딴 옥수수며 금방 캐낸 무, 당근을 베어 먹고 바다에서 잡아 올린 생선과 조개를 입에 넣으면서 "정말 맛있다!"고 외친다. 재료 자체가 맛있어서 별다른 조미료가 필요 없다는 것이다.

그러면 시청자는 행복한 얼굴로 맛있게 먹는 리포터를 보며 "진짜 맛있어 보인다", "나도 먹고 싶다", "몸에 좋을 것 같다" 고 부러워하며 한숨을 내쉰다.

그런데 레스토랑 같은 맛집 소개 프로그램에서 소개하는 음식은 맛있어 보이기는 해도 그다지 몸에 좋을 것 같다는 생각이 들지 않는다. 이것은 야생의 혀를 가진 덕분에 느낄 수 있는 감각이다. 이것은 우리가 아직 야생의 감각을 완전히 잃지 않았다는 증거다. 인간을 제외한 모든 동물은 먹을거리에 조미료를 넣지 않는다. 재료 자체를 섭취해서 육체의 건강을 유지한다. 야생동물이 사냥감을 먹을 때 맛있다고 느낄지 어떨지 모르겠지만 텔레비전에서 보면 매우 만족해 하는 것처럼 보인다.

인간도 동물이라서 몸에 좋은 것을 먹을 때는 맛있다, 만족스럽다고 느끼고, 몸에 나쁜 것을 먹으면 맛없다, 싫다고 느끼는 것이 진짜 모습이다. 그것은 본능적으로 갖춰진 능력이다. 이 능력을 '야생의 감각' 혹은 '야생의 혀'라고 한다.

어릴 때부터 담백한 자연 재료 그대로의 음식을 먹다보면 어른이 되어서도 이 능력은 약해지지 않는다. 또 어른이 된 후에도 일류 요리사는 미각을 단련해 좋은 재료를 가려내는 혀를 갖게 된다.

그러나 현대의 음식은 깊이 생각지 않고 먹으면 우리 혀가 갖고 있는 야생의 감각을 망가뜨린다. 주역이 되어야 할 '내 몸의 피와 살이 되는 재료 자체의 맛'이 보조역이 되어버리고 수프, 소스, 조미료처럼 본래는 조역이라 할 맛이 주역처럼 맛을 경쟁하는 식품이 많아졌기 때문이다.

물론 좋은 재료로 승부하는 식품도 많다. 흔히 말하는 브랜드 식품이다. 마쓰자카 시(松阪市)의 소고기, 벳부(別府)의 명물인 세키 고등어(세토내 해瀬戸內海와 태평양이 만나는 분고수도豊後水道에서 잡히는 고등어), 사토니시키(佐藤錦, 야마가타 현山形県에서 생산되는 버찌), 우오누마 시(魚沼市)의 고시히카리 쌀 등 전부 재료의 우수함을 내세우는 브랜드 제품인데 수확량이 한정되어 있어 값이 비싸다. 늘 그런 것만 먹는 사람도 물론 있지만 서민은 어쩌다 입에 댈까 말까 한 것들이다.

고급 식재료는 인기가 있지만 실제로 판매가 증가하는 것이 가공식품이다. 재료의 우수함을 내세우는 브랜드 제품과는 반대로 가공식품의 경우에는 소비자가 재료를 볼 수 있는 기회가 거의 없다. 편의점 도시락, 마트에서 파는 반찬, 전자레인지에 데우는 냉동식품, 뜨거운 물만 부으면 되는 인스턴트 라면도 재료 자체는 볼 수 없다. 편리함의 그늘에 가려 먹을거리 본래의 모습은 좀처럼 보기 어려워졌다.

나도 가공식품을 자주 이용하긴 하지만 그렇다고 해서 무턱대고 사먹지는 않는다. 나는 반드시 재료를 확인하고 가공식품을 고르는 기준은 재료가 주인공인지의 여부로 정한다. 내 피가 되고 살이 될 식품이니까 신선식품이건 가공식품이건 좋은 재료여야 하고 또 재료로 승부하는 식품은 틀림없이 맛있다고 그간의 경험이 가르쳐주었기 때문이다.

그러면 재료로 승부하는지 어떤지는 어떻게 알 수 있을까? 학교에서도 가정과 시간에 배우는데, 식품의 포장지 뒷면이나 옆면에 쓰여 있는 성분표시를 확인하면 된다. 성분표시는 많이 사용한 순서로 표시해야 한다고 정해져 있어서 그것도 염두에 두고 확인하는데 내 판단기준은 지극히 간단하다. 재료표시가 가능한 한 단순한 것을 고르는 것이다.

예를 들어 내가 즐겨 먹는 햄의 성분표시를 보면 '돼지고기, 식염, 설탕, 향신료'라고 쓰여 있다. 돼지고기에 소금과 설탕으로 맛을 내고 풍미를 내기 위해 향신료를 사용했다는 것을 알 수 있다. 무척 간단하다. 햄은 옛날부터 만들어 온 식품으로 돼지고기와 식염만으로도 만들 수 있다.

반면에 흔히 보는 시판용 햄의 성분표시에는 '돼지고기, 대두단백, 난백, 카세인나트륨, 식염, 아황산나트륨, L-아스코르빈산나트륨, 폴리인산나트륨, 피로인산나트륨, 글루탐산나트륨, 5′-리보뉴클레오티드이나트륨, 단백가수분해물, 돼지사골진액, 가공전분, 증점다당류, 코치닐 색소' 등 상당히 많은 첨가물이 나열되어 있다.

결코 간단하다고 할 수 없다. 게다가 어떤 과정으로 만드는지 그 과정에 대한 것은 성분 표시만으로는 상상조차 불가능하다. 그렇다면 시판용 햄에는 왜 이렇게 많은 첨가물이 들어갈까. 그중에는 평소 들어보지 못한 것들도 꽤 많다.

'돼지고기' 뒤에 쓰여 있는 '대두단백, 난백, 카세인나트륨'은 돼지고기 대용으로 햄에 중량감을 주기 위해 주로 사용된다. 고기의 단백질 대체재로 쓰이는 것은 대두, 달걀, 우유의 성분이다. 이것은 돼지고기에 비해 무척 저렴한 재료다.

그 뒤에 소금이 나오고 나머지는 대부분 화학물질인 식품첨가물이다. 식품첨가물은 맛, 외관, 보존성, 가공성 등을 좋게 하기 위해 사용되는데 주로 기계를 이용해 대량생산할 때 편리하다. 제품을 먼 곳까지 운반하고, 장기 보존을 위해 필요하다. 또 상품으로 팔 때 보기 좋게 할 목적으로 사용되므로 같은 식품을 가정에서 조리할 경우에는 사용되지 않는 물질이다.

즉 본래는 먹지 않아도 되는 것이자 식품이라 평가할 수 없어서 '식품 첨가물'이라고 부른다. 그리고 이것은 앞선 햄의 예에서도 알 수 있듯이 재료의 부족함을 보완하기 위해 사용되는 물질이다.

재료의 맛에 민감한 사람, 야생의 혀를 가진 사람은 첨가물이 많이 들어간 식품을 먹으면 맛없다고 느끼는 경우가 많다. 그들은 몸에 필요하지 않은 것을 가려내는 능력이 높은 것인지도 모른다. 나에게 그런 능력은 없지만 그래도 성분표시가 간단한 것과 비교해서 먹으면 확실히 다르다는 것을 알 수 있다.

가공식품도 비교적 성분이 간단한 것부터 알 수 없는 첨가물이 들어간 제품까지 다양하다. 일반적으로 재료의 질이 좋지 않으면 그만큼 첨가물을 많이 사용할 수밖에 없다. 그래서 나는 가능한 한 단순한 성분으로 만들어진 것을 고른다.

식품첨가물에 대한 지식이 많은 아베 쓰카사(첨가물 전문가)는 그의 저서《인간이 만든 위대한 속임수 식품첨가물》에서 첨가물이 다량으로 사용되는 배경에는 소비자의 소비행동에도 한 원인이 있다고 경고한다.

식품첨가물을 사용하면 ①저렴하다 ②간단하다 ③편리하다 ④깨끗하다 ⑤맛있다는 모든 요소를 만족하는 식품을 만들 수 있는데, 그것은 정확히 소비자의 요구와 일치한다. 소비자는 '식품첨가물을 가능한 한 피하고 싶다'고 하면서도 요리에 직접 시간과 정성을 들이려는 노력을 꺼리는 사람이 많기 때문에 간단하고 편리하며 깨끗하고 맛있는 것에 바로 반응한다.

그 습관을 쉽게 바꾸기는 어렵지만 그렇다고 쉽게 포기해서는 안 된다. 야생의 혀를 단련하고 구입 전에 성분표시를 확인하도록 노력하는 것이다. 이러한 노력으로 가공식품의 좋은 점과 편리한 점도 적절히 이용하면서 식생활을 개선하도록 하자.

가공식품을 고르는 기준도 앞서 말한 음식점을 고르는 기준과 기본적으로 같다. 만든 사람이 고객, 즉 소비자를 우선해서 좋은 것을 만드는지 돈, 즉 자신의 이익을 우선해서 적당하게 만드는지 성분표시를 보면 한눈에 알 수 있다.

우리가 먹는 모든 음식은 우리 몸의 일부가 되어 건강에 직접적인 영향을 준다. 가장 이상적인 것은 맛있는 음식을 가릴 수 있는 혀를 만드는 것인데, 여러 가지 첨가물을 섭취한 탓에 혀가 마비되어 있을 수도 있으니 우선은 '잘 보는 것'과 '잘 고르는 것'부터 시작하자.

재료의 좋고 나쁨을 가릴 수 있게 되면 몸도 건강해진다. 그런 소비자가 늘면 생산자도 보람을 느껴 더 좋은 상품을 만들려고 노력할 것이다. 보통은 생산자와 소비자 즉 파는 쪽과 사는 쪽으로 서로를 구분하지만 결국 양자는 서로를 비추는 거울이다.

소비자가 저렴하면 뭐든 좋다고 돈만 생각하면 생산자 역시 돈벌이만 되면 된다고 돈만 좇을 것이다. 그러나 서로에 대한 이해가 깊으면 관계성은 달라진다.

생산자는 '소비자에게 맛있는 상품, 몸에 좋은 상품을 제공하고 싶다. 그러나 필요 이상의 돈벌이는 하고 싶지 않다'고 생각하고, 소비자는 '좋은 상품을 만들어주니 고맙다. 생산에 비용이 들 테니 가격이 조금 비싼 것은 당연하다. 기꺼이 사겠다'고 생각하는 관계성이다.

소비자가 생산자를 성장시키고 생산자가 성숙한 소비자를 만든다. 지금도 산지 직판을 비롯한 '얼굴을 볼 수 있는 관계'에서는 서로를 이해한다. 모든 소비자와 모든 생산자가 그런 관계가 될 수 있다면 사회 전체가 건강해질 것이다. 그리고 야생의 입맛을 가진 사람도 늘어날 것이다. 그렇게 되면 전통 음식에 대한 생각도 바뀌고 그 깊이도 더 알게 되지 않을까.

5교시

돈에 대해
생각하는 시간

생산자와 나

　최근 미치노에키(고속도로 휴게소로 농특산물 직매장 역할도 겸
하고 있다. 일본에는 전국적으로 1,000여 곳이 있다 ─ 옮긴이)로 대표
되는 농산물 직매소가 인기다.

　여러분 같은 중고생이 스스로 그곳에 가는 일은 거의 없을 것
이다. 나는 가족과 드라이브를 할 때 자주 들른다. 휴게소를 겸
하고 있는 곳도 많고 채소나 과일 같은 지역 농산물부터 직접
만든 가공식품에 묘목도 팔고 음식 노점상과 레스토랑까지 있
어서 눈과 입이 모두 즐거워진다. 그래서 이 가게 저 가게 기웃
거리며 둘러보다가 마음에 드는 것이 있으면 사들고 온다. 이런
직매소는 전국적으로 점차 늘고 있는데 재미있는 이름의 가게

도 많다.

만담개그의 본고장인 오사카도 질 수 없다는 듯 내가 자주 들르는 직매소 중에도 '그냥 갈 수 없잖아', '싸쥬 사주(싸니까 사달라는 의미)'처럼 재미있는 가게 이름들이 많다.

직매소 상품은 거의가 지역 농산물로 특히 채소는 신선하고 값도 저렴해서 이것저것 사게 된다. 가정경제에 도움이 되고 몸에도 좋은 것들을 소비하게 될 때, 우리는 무척 즐거워진다.

상품에는 산지와 생산자의 이름이 표시되어 있고 얼굴 사진까지 붙어 있다. 그래서 "일전에 샀던 쓰유구치 씨네 귤이 맛있던데, 오늘도 있나?" 하며 마치 오래 알고 지낸 지인을 찾듯이 가게를 찾아가고, 집에 와서도 "이노우에 씨는 완두콩도 맛있더니 무 농사도 잘 지었네. 퇴비에도 신경을 많이 쓰나 봐" 하고 한 번도 만난 적 없는 생산자에 대해 친근함을 표시하게 된다.

수제품 시장이나 백화점의 지역 특산물전에는 생산자가 판매를 위해 직접 오는 경우가 많아서 상품에 대해 더 많은 것을 알 수 있다. 나에게는 그런 곳에서 인연이 되어 지금도 연락하며 지내는 생산자가 있다. 아키타 현의 칠기 직인 S씨도 그중 하나다.

어느 해인가 백화점의 지역 특산물전을 어슬렁거리다 칠기 그릇 판매점을 발견했다. 어느 그릇의 모양이 단순해 쓰기 편해 보였고 내 취향에 맞아 눈길이 갔는데 가격까지 저렴해서 나도 모르게 "이거 진짜예요?"하고 물었다. 판매원 S씨는 그런 나의 무례에도 싫은 표정 하나 없이 오히려 반가운 듯 자신들이 만드는 칠기에 대해 친절히 설명해주었다.

칠기가 완성되기까지는 상상 이상으로 힘들고 복잡한 과정을 거쳐야 한다. 지역에 따라 차이는 있지만 복잡한 공정 탓에 시간과 품이 많이 드는 작업으로 효율성을 중시하는 현대 사회와는 그다지 어울리지 않는 제품이다.

실제로 만져보니 손끝에 닿는 감촉이 부드러워 꼭 사용해보고 싶었다. 일상에서의 사용법은 요령만 알면 어렵지 않다는데 그래도 식기세척기를 쓸 수 없고 플라스틱 제품에 비해 단가가 높아 수요가 점점 줄고 있다고 한다.

그래서 칠기 일만으로는 생활이 어려워서 생활비를 벌기 위해 겨울에는 지붕에 쌓인 눈을 쓸어내리는 아르바이트를 하면서 많은 고민을 거쳐 가격을 낮추고 더 많은 사람이 이용할 수 있도록 이런 공간을 얻어 판로를 확대하려고 애쓴다고 한다.

그의 표정이나 말에서는 일에 대한 단단한 긍지가 느껴졌다.

그것은 그저 물건을 팔기 위해 일상적으로 내뱉는 영혼 없는 영업 멘트가 아니었다. 자신의 일을 이해해주는 그런 사람들이 구입해서 소중히 사용해주기를 바라는 진심이 우리에게 고스란히 전해졌다.

한 시간 남짓 그의 이야기를 들었을까. '생활은 어렵겠지만 왠지 부럽다'는 생각이 들었다. 그리고 진심으로 무언가 사주고 싶어서 젓가락 두 벌을 샀다. 나는 그날 이후 언제나 그 젓가락으로 식사를 한다.

그때마다 칠기의 매력에 대해 호소하던 S씨의 얼굴이 떠오른다. 겨울이 오면 지붕의 눈을 쓸어내리는 그의 모습을 상상하게 된다. 그래서 봄이 되어 그가 오사카의 백화점에 올 때마다 그를 찾아갔고 지금은 서로 좋은 친구로 지낸다.

그렇게 칠기를 비롯해 도예, 유리공예 작가 등 여러 장인들과도 가까워졌다. 흥미로운 것은 그들 모두가 자신의 일 이야기를 한번 시작하면 멈출 줄 모른다는 것이다. 만나는 횟수는 1년에 두어 번이 고작이지만 그들의 이야기를 들으면 한두 시간은 훌쩍 지날 만큼 흠뻑 빠져든다.

자신이 만드는 작품의 매력에 대해 설명하는 그들도 시종일관 '일이 너무 재미있다'고 이야기하는 것은 아니다. 육체적, 정

상품에는 생산자의 마음이 담겨 있다

신적으로 힘든 고생담도 무척 많다.

그러나 결국은 '이 일이 좋다!'는 말로 끝을 맺는다. 즐겁지 않고 힘든 경우도 많지만 그런 모든 것들을 포함한 지금의 일이 좋고 그래서 많은 사람에게 알리고 싶은 것이다. 그래서 그들은 일에 최선을 다한다. 그들은 일에 대한 애정과 열정이 넘쳐서 그들의 일에 관심을 보이는 사람이 나타나면 자신의 노하우부터 고생담을 전부 털어놓는다. 이들을 보며 나는 일에 대한 의미를 다시 돌아보는 계기가 되었다.

그들이 만든 작품을 손에 들어보면 물건 자체가 좋아서인지 아니면 만든 사람의 얼굴을 알기 때문인지 마트에서 산 것과는 다른 어떤 힘이 느껴진다. "그게 무슨 소리야?" 하고 고개를 갸웃거리는 사람도 있을 테고 "맞아, 맞아" 하고 공감하는 사람도 있을 것이다. 구체적인 말로 표현하기는 힘들지만 굳이 표현하자면 나와 생산자가 교류하고 있다, 생산 과정에 나도 참가하고 있다는 느낌이 든다고 해야 할 것이다.

생산자의 얼굴이 보이건 보이지 않건 만든 사람과 사는 사람이라는 상황에는 변함이 없지만 얼굴이 드러나는 관계가 되면 물건 값이나 완성도뿐 아니라 둘 사이에 어떤 의미가 생겨나는 그런 기분이 든다. '상품에 마음이 담겨 있다', '상품을 사이에 두고 만드는 사람과 사는 사람이 서로 고마워한다'면 이해가 될까. 이런 관계는 기분 좋은 감흥을 가져다준다.

생각해보면 생산자의 얼굴이 드러나지 않아도 모든 상품은 누군가 힘들게 만들어준 것이므로 그들에게 감사해야 한다. 그러나 만드는 사람을 아는 것과 모르는 것에는 그 물건에서 받는 느낌이 완전히 다르다.

할아버지가 직접 농사지은 쌀이나 친척 아주머니가 기른 토마토를 받아먹어 본 경험이 있는 사람은 잘 알 것이다. 먹기 전부터 '어떤 맛일까', '올해 농사는 어땠을까' 하며 상상하게 되고 실제로 입에 넣고 씹으면 그들이 농사지을 때의 모습이 머릿속에 그려진다.

아는 사이가 된다는 것은 이렇게 상대의 마음을 이해하고 서로의 생활도 어느 정도 상상할 수 있는 그런 관계를 의미한다. 손수 만든 선물이 특별한 의미로 다가오는 것은 그것이 자신을 위해 시간과 노력을 아끼지 않은 상대의 마음 그 자체이기 때문이다. 마찬가지로 만든 사람을 생각하고 최선을 다하는 모습을 떠올리면 물건 하나하나를 허투루 쓸 수 없다. 그리고 '조금이라도 싸게 사고 싶다', '뭐든 싸면 좋다'는 생각은 어느새 스르르 사라지고 만다.

이웃집 부엌을 마음대로
드나들 수 있는 관계

기후 현(岐阜縣)에 가면 구조하치만(郡上八幡)이라는 마을이 있다. 일본 3대 봉오도리(일본 최대의 명절인 오봉 때 추는 춤 — 옮긴이)로 유명한 곳이다. 매해 여름밤이면 32일 동안 봉오도리 행사가 이어지는데(그중 나흘은 밤새도록 춤을 춘다) 이것은 400년간 이어져 내려오는 풍습이다.

마을 한가운데 흐르는 요시다 강은 여름이면 아이들이 모여 물놀이를 하고 최상의 은어를 잡을 수 있는 명소로 자리 잡았는데 오래된 성과 마을의 모습이 잘 남아 있어 중요 전통 건조물 보존지구로 지정된 지역이기도 하다. 집 뒤쪽과 집과 집 사이에는 사람 한 명 정도가 겨우 지날 정도의 좁은 골목이 요리

조리 이어져 있어 어느 집에서건 강으로 나갈 수 있도록 되어 있다.

나도 한창 더운 어느 여름날 그곳에 간 적이 있다. 경치는 아름답고 강물도 입이 떡 벌어질 만큼 맑았는데 물은 일상의 분주함과 더위를 몽땅 날려버릴 만큼 서늘했다. 그곳에서 신나게 물놀이하는 아이들의 모습에 시간이 멈춘 듯했다.

그런 경험 때문일까. 어느 날 신문의 텔레비전 프로그램 편성표에서 '구조하치만'이라는 글자를 발견했을 때 무언가에 끌리듯이 텔레비전을 켰다. 여행에서 보았던 풍경이 다시 화면에 비치자 정겨움에 시선을 고정했는데 그때 마을 토박이인 한 아저씨가 이렇게 말했다.

"어렸을 때는 집 뒤편에 있는 골목에서 술래잡기도 하고 숨바꼭질도 하며 놀았어요. 전부 한동네 아이들이라서 놀다 배고프면 아무 집이나 들어가 밥을 먹었죠. 나도 다른 친구네서 자주 먹었어요. 그래서 지금도 집에 간장이 떨어지면 집 뒤로 해서 이웃집에 빌리러 가요. 주인이 없어도 들어가서 그냥 꺼내오죠. 여기는 아직도 다들 그렇게 살아요. 참 좋은 곳이죠."

딱히 메모를 한 것이 아니라서 조금 불확실한 부분도 있는데 '주인이 없는 집에 들어가서 간장을 빌려온다'는 부분은 정확히 기억한다. 나에게는 그 말이 조금 충격적이기도 했고 자랑스럽게 말하는 아저씨의 표정이 인상적이기도 했기 때문이다.

이 말을 들었을 때, 나는 정말 놀랐다. 내가 사는 아파트에서는 생각지도 못할 일이다. 알고 지내는 사이라고 해도 주인이 없을 때 멋대로 부엌에서 간장을 빌려오는 상황은 상상조차 할 수 없다. 우선 집을 비울 때는 문을 잠그기 때문에 도둑이 아닌 한 멋대로 들어갈 수 없다.

가만히 생각해보면 구조하치만은 그만큼 평화롭고 동네사람들이 서로 신뢰하는 곳이다. 아저씨가 그토록 자랑스러워하는 것도 이해가 된다. 나도 그런 동네에서 살면 좋겠다는 생각이 절로 들었다.

그러나 서로 그렇게까지 서슴없이 지내면 피곤할 것 같다는 사람도 있을 것이다. 물론 그런 면도 없지 않다. 처음부터 그렇게 함께 살았으면 모를까 나중에 갑자기 그곳에 들어가 살려면 약간의 용기가 필요할 것이다. 그러나 일자리를 잃어도 이웃들의 도움으로 한동안 그럭저럭 지낼 수 있고 또 치매에 걸려도 배려하며 지켜봐주어서 안심하고 살 수 있지 않을까.

찾아보면 아직도 어딘가에는 이웃집에서 마음대로 간장을 빌려올 수 있는 평화로운 마을이 남아 있을 것이다. 최근 주목을 받고 있는 셰어하우스(Share House)라면 도시에서도 그런 관계가 부활할지 모른다. 그러나 대문을 잠그지 않고 사는 지역은 시대가 변하면서 차츰 줄고 있다. 우리 부모님이 사는 곳도 예전에는 외출할 때 대문을 잠그지 않았는데 지금은 집안에 사람이 있어도 문을 잠근다.

이러한 변화는 무엇을 의미할까. 소유와 공유라는 키워드로 생각해보자.

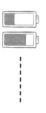

돈을 개입시킬지 말지는 자신이 결정한다

다음 질문에 답해보자.

질문 ① 우리집 부엌에 있는 간장은 '내 것'입니까?

혼자 사는 사람은 "그렇다, 내 것이다"라고 대답할 것이다. 반면에 가족과 사는 사람은 "가족의 것이다"라고 말하는 경우가 많은데 문제는 "부엌에 간장이 없다"(웃음)는 경우다. 그럴 때는 부엌을 무시하고 생각하자(혹시 집에 간장이 없는 경우라면 마요네즈, 소스, 고추냉이 등 적당한 것으로 바꿔 생각하면 된다).

'가족의 것'이라고 대답한 경우, 간장은 가족의 공유물이 된다. 가족이라면 누구나 양해를 구하지 않고 언제든 써도 된다. 단, 모두의 공유재산이므로 지나치게 많이 쓰거나 낭비하지 않도록 주의하고 내용물이 부족할 때는 직접 사서 보충하거나 아니면 그 사실을 다른 누군가에게 보고할 의무도 있다.

구조하치만 아저씨의 말대로라면 '이웃은 누구나 우리 집의 간장을 써도 된다'는 얘기니까 그곳에서는 간장을 공유하는 사람이 많다고 할 수 있다. 그럼 간장 외의 물건은 어떨까? 여기서 두 번째 질문이다.

 우리집 냉장고에 들어 있는 식재료나 음식 가운데 가족이 공유하지 않는 것은 무엇입니까?
(냉장고는 모두가 사용하지만 그 안의 내용물 가운데 공유물이 아닌 개인 소유물이 섞여 있다면 그것은 무엇이냐는 질문이다)

냉장고에는 아버지의 캔맥주, 누나의 초콜릿, 자신이 즐겨 마시는 주스 등 많은 것들이 들어 있을 텐데 멋대로 먹거나 마시면 골치 아픈 일이 일어난다. 그것들은 전부 개인의 소유물이라고 서로 양해한 음식이다.

또 냉장고에 들어 있는 음식은 의외로 유통기한이 짧은 것이 많지만 집안에는 장기간에 걸쳐 사용되는 물건도 적지 않다. 집안의 물건을 가족 공유물과 개인 소유물로 분류하면 어떻게 될까.

옷과 신발은 개인 소유물이 맞을까? 신발은 크기가 맞지 않아 안 되지만 옷은 공유하는 것이 있다는 사람도 있을 것이다. 목욕수건의 경우는 집마다 다른 것 같다.

침대 등의 가구는 어떨까? 개인 소유도 있지만 공유도 많다. 지금은 자신이 사용하지만 앞으로 다른 사람이 쓸 예정인 경우도 있다.

방도 당장은 자신의 방이지만 10년 후, 20년 후에도 그럴지 어떨지……, 솔직히 그럴 것이라고 단정할 수 없다. 그렇게 보면 애매하고 미묘한 것도 많다.

그렇다면 돈은 어떨까? 용돈은 자신의 것일까? 생활비는 모두의 돈일까 아니면 부모님의 돈일까? 마트에 따라가서 아이스크림을 얻어먹었을 때 그 돈은 어디서 나올까? 부모님 용돈? 아니면 생활비? 딱히 구별하지 않는 가정도 많다.

같이 생활하면 공유 부분이 많다. 가족의 일체감은 공유감각에서 생겨난 것일지 모른다. 여러분 생각은 어떨까?

가족이 아니어도 어린 자녀가 있는 가정은 이웃끼리 옷과 아기용품을 나눠 쓰기도 한다. 여러분도 같은 반 친구에게 필기도구나 지우개를 빌리거나 빌려줄 것이다. 이런 경우 돈을 요구하는 사람은 없다. 이때의 개념은 단순한 공유다.

옷을 물려주거나 물건을 빌려주는 사람들은 기본적으로 서로 사이가 좋다. 애당초 사이가 좋지 않으면 그렇게 할 수가 없다. 그럼 사이가 좋아서 빌려주는 걸까, 빌려주면서 사이가 좋아지는 걸까? 어느 쪽이 먼저인지는 닭과 달걀 어느 쪽이 먼저인지를 따지는 것과 같다.

우리 부모님은 이웃집 농가에서 자주 채소를 얻어먹는데 그것을 우리집에도 나눠준다. 처갓집 어른들도 "~한테 ~를 받았다", "~가 ~를 줬다" 하고 우리에게 다시 나눠준다. 물론 그때 돈은 오가지 않는다. 먹을 것과 물건을 주고받지만 돈이 개입되지는 않는다. 조금만 신경 써서 보면 우리 주위에는 그런 기분 좋은 관계가 얼마든지 있다. 그 최고의 모습 중 하나가 구조하치만이다.

우리의 생활은 필요한 것들을 소비하지 않고 유지할 수 없다. 그러나 필요한 것들을 전부 돈을 내고 사는 것은 아니다. 소비는 돈을 쓰는 것이라고 생각하는데 반드시 그런 것은 아니다. 돈을 쓰지 않는 소비도 있다.

지인의 친구 중에는 오래 전 혼자 지낼 때 냉장고, 세탁기,

전자레인지, 서랍장 등 구입하려면 돈이 드는 크고 작은 생활 용품을 전부 주위에서 얻어 쓴 사람이 있다. 그중에는 디자인은 구식이지만 쓸 만한 것도 있고 새것이나 다름없는 물건도 있었다. 덕분에 그는 '월급이 쥐꼬리만 한데, 정말 잘됐다!'고 좋아하며 돈을 들이지 않고 불편 없이 생활했다.

그는 솔직하게 '도와 달라', '알아봐 달라'고 말하고, 도움을 받으면 환하게 웃으며 '고맙다'고 감사할 줄 아는 사람이다. 또 누군가 '도와 달라'는 사인을 보내면 반드시 도와준다. 도움을 받을 때나 도움을 줄 때 진심으로 감사하고 기뻐할 줄 아는 사람이기 때문이다. 공유의 기본은 이렇게 서로의 상황을 상상할 수 있는 인간관계가 아닐까.

나는 내 것일까

공유할 때는 그 대상에 값을 매기지 않는다. 사용할 때마다 사용료를 지불하고, 먹을 때마다 대금을 지불해야 한다면 그것은 공유가 아니다. 누군가의 것이지만 공유할 경우는 소유관계가 애매해진다. 바꿔 말하면, 물건에 값이 매겨질 때는 소유관계가 분명하다. 금전이 이동함으로써 소유권 이전이 확실해지는 것이다.

그런데 원래 소유란 어떤 것일까? 좀 더 근본적인 부분을 생각해보자. 소유의 기본은 무엇일까? 자신의 것, 자신에게 속한 것, 남에게 넘겨줄 수 없는 것……. 소유라는 감각의 가장 근본적인 것을 생각해보자.

소지품을 누가 억지로 빼앗아 가면 더 이상 자신의 것이 아니다. 무슨 일이 있어도 자신의 것이라고 할 수 있는 것, 전부 빼앗겨도 남는 것은 무엇일까?

침묵을 깨고 누군가 "알았다! 바로 내 몸이다!"라고 외친다. '내가 나의 주인공이다', ' 내 몸을 소유하는 것은 바로 나'라는 감각 때문이다. 이것이 소유의 가장 기본적인 감각이라고 할 수 있다. 그래서 다시 질문한다.

질문 ③ 자신의 몸을 소유물이라고 생각합니까?

"당연하지, 무슨 말도 안 되는 질문인가!" 하고 되묻는 것이 현대사회의 모범답안일 것이다.

그러나 수업 시간에 다음과 같은 잡담을 하면 '꼭 그렇지만은 않다'고 말하는 학생도 있다.

잡담 ① 인간의 몸은 약 60조 개의 세포로 이루어졌다. 장(腸)에는 평균 100조 개의 세균이 살고 있고, 그 미생물이 건강히 생활해주는 덕에 우리 몸에 필요한 영양소를 만들고 소화흡수에 도움을 주며 병원균의 침입을 막아준다. 세계의 총인구가 수십 억 명이므로 100조는 엄청난 숫자다. 장내세균에게 우리의 장은 하나의 세계이자 우주다. 우리 몸은 그들의 거처이자 그들의 세계, 즉 그들의 것이라고 표현할 수 있다.

잡담 ② '오래된 것을 버리고 새로운 것을 받아들인다.' 이것을 한자로 말하면 '신진대사(新陳代謝)'다. 시험에 나오니 꼭 알아두자.

그런데 인간의 몸을 만드는 물질도 늘 새것으로 교체되어, 한 학자의 말에 의하면 가장 오래 머무는 경우도 3년이 한계라고 한다. 이 말은, 만약 여기에 3년 전 내 사진이 있다면 사진 속 나를 만들었던 물질이 지금은 내 안에 하나도 남아 있지 않다는 것이 된다. 내 나이 정도가 되면 3년 전이나 지금이나 겉모습은 크게 다르지 않지만 완전히 다른 물질로 이루어진 별개의 존재라는 말이다. '철인 28호'(리모컨으로 조종되는 거대로봇이 등장하는 만화영화 ― 옮긴이)가 아니라 '별인(別人) 28호'가 된다. 3년 전의 나와 오늘의 나는 완전히 다른 사람이라는 것이다. 이것은 쉽게 믿기지 않는 이야기다.

우리가 주목해야 할 것은 몸을 만들고 바꾸기 위한 재료는 전부 음식물에서 온다는 점이다. 3년간 무엇을 먹을지, 몸을 만드는 재료로 무엇을 받아들일지에 따라 3년 후 내 모습이 달라진다.

그리고 그 음식물이란 기본적으로 우리 몸과는 다른 생물이다. 인간은 동물이라서 다른 생물을 섭취해야 살 수 있다. 즉 생명의 순환이다. 어제까지 다른 생명의 일부였던 것이 오늘은 내 몸을 만든다. 나는 독립된 존재도 아니고 자기만의 완결성을 갖는 존재도 아니다. 건강도 내 문제로 보이지만 실제로는 다른 생명의 건강과 떼어서 생각할 수 없다. 그래서 건강은 환경문제라고 말하는 사람도 있다.

여러분은 이 잡담을 읽고 어떻게 느꼈을까. '내 몸의 소유자는 나'라고 단정하지 못할 것이다. 자신의 몸을 '자기 것'이라고 할 수 없다면 옷, 자동차, 집도 당연히 자신의 소유라고 할 수 없다. 너무 대담한 주장일까? 여러분도 곰곰이 생각해보자.

전체의 일부인 나

생명도 물질도 세상의 커다란 순환 속에서 생각하면 일시적인 모습에 불과하다. 이 순환에서 볼 때 생명과 물질의 구별조차 사라진다. 우리는 은연중에 무언가를 소유하고 있다고 생각하는데 그것은 일시적인 기분이다. 순환 속에서 생각하면 '나는 무엇인가' 하는 문제조차 정의내리기 어렵다.

소유는 문명이 발달하면서 만들어진 추상적 개념 가운데 하나다. 바꿔 말하면 인간의 머릿속에만 존재하는 감각이다. 그러나 현실의 사회생활을 하기 위해서는 편리하고 필요한 감각이다. 하지만 그것은 편의상 존재하는 개념일 뿐 생명의 본질은 아니지만 현실에서 살아가기 위해서는 그런 감성을 갖는 것도 중요하다.

우리의 소유 감각은 돈이라는 존재에 의해 더욱 강해졌다. 일본은 세계적으로 서비스 산업의 비율이 높다. 세탁, 청소, 요양, 가정식 등 예전에는 직업으로 성립하기 어려웠던 일들이 지금은 산업의 일부분을 맡고 있다. 직업으로 성립하는 대상이 증가하는 것은 돈으로 환산할 수 있는 것들이 늘어난다는 의미다.

돈으로 환산하여 생각하는 습관이 생기면 무엇이든 소유하고 있다고 착각하기 쉽다. 그 좋은 예가 토지인데 사실 인간은 누구의 소유도 아닌 지구에 멋대로 선을 그어 '여기는 내 땅이다!' 하고 뻐기는 존재다. 그리고 그 땅값이 오르내리는 것에 일희일비한다. 하지만 거기에는 인간만이 아니라 풀, 곤충, 작은 동물 등 다양한 생물이 살고 있다. 그들이 봤을 때 우리 인간의 행동은 이상하기 짝이 없을 것이다.

소유를 생각하는 순간 우리의 시야는 좁아진다. 자신에게 이익일지 손해일지만 의식할 뿐 사회 전체의 이익이나 환경파괴로 인한 불이익에는 생각이 미치지 못한다.

그런데 강과 산은 누구의 것일까? 일본의 경우 기본적으로 강은 국가나 지자체가 관리하는 공유재산이다. 산은 기본적으로 소유자나 관리자가 있는데 그것이 개인 또는 단체인 경우도 있다. 일본은 세계적으로 물이 풍족한 국가다. 그런데도 매해 여름만 되면 물 부족을 걱정하고, 실제로 물이 부족해 취수 (取水) 제한을 하기도 한다. 강물은 음용수, 생활용수뿐 아니라 농업, 공업용수로도 중요해서 조금만 부족해도 큰 뉴스거리가 된다. 한때 가정과 공장의 배수로 강물이 오염되어 환경문제가 부각되었는데 지금은 많은 사람들의 관심과 노력으로 크게 개선되었다. 고마운 일이다.

그럼 산은 어떨까? 임업의 쇠퇴로 산은 크게 황폐해졌다. 물론 목재를 얻기 위해 마구 나무를 베어버려 황폐해졌지만 그 외에도 택지개발과 과다한 토사 채취로 산이 없어지고 폐기물로 토양이 오염되었다. 산은 소유자나 관리자가 있기 때문에 유명한 곳을 제외하고는 '힘을 모아 자연환경을 다시 살려보자'는 식으로 발전하지 않는다. 산이 돈벌이가 되지 않으면 아무도 신경 쓰지 않기 때문에 갈수록 황폐해진다. 반면에 산이 황폐해지는 것을 알면서도 그것이 돈벌이가 되면 이용한다.

옛날에는 마을에서 가까운 산이나 강은 사람들에 도움을 주는 공유재산으로 여기고 함께 관리하고 유지했다. 산과 강을 황폐하게 만드는 이기적인 행동은 인정되지 않았다. 우리의 산과 강이 최근까지 풍요롭고 깨끗한 것은 그렇게 쌓아온 착실한 노력 덕분이다.

산은 황폐해졌어도 강은 무사해서 다행이라고 생각하지만 강물은 산에서 만들어진다. 산에 내린 빗물이 고여 강을 이루는 것이므로 산이 황폐하면 강도 안전할 수 없다. 그러나 산은 누군가의 소유물이기 때문에 황폐해지는 것을 막기가 쉽지 않다. 일본에도 좋은 물을 찾아 산을 몽땅 사 모으는 외국자본까지 있어 강의 미래가 한층 걱정된다.

이것은 물론 일본에만 한정된 이야기는 아니다. 지구 전체의 환경문제는 긴박하고 중요한 과제가 되었다. 모두가 소유하는 것으로 돈을 번다는 발상으로 내달린 결과 지구환경은 이제 한계에 이르렀다.

그러나 세계를 순환이라는 커다란 틀로 보았을 때 무엇이든 일시적으로 빌리는 것이라고 생각하면 소유라는 시점도 달라진다. 옷, 가방, 자동차, 집, 매일 먹는 음식, 한 걸음 나아가서는 자신의 목숨까지도 소중히 사용한 후에 다음 장소, 혹은 사람에게 물려주어야 한다. 길게 보면 그것이 자신에게 가장 큰 이익이고 전체의 이익으로 이어진다.

생물학적, 사회학적으로도 인간에게 혼자만의 행복은 있을 수 없다. 우리는 지구에 태어난 생명의 일부, 사회의 일원으로 줄곧 공유하며 살아왔고 그것 외에는 달리 살아갈 방법이 없다. 타인의 행복이 곧 자신의 행복이고, 함께 행복해지는 것이 자신을 풍요롭게 한다.

최근 들어 청년층을 중심으로 봉사, 리사이클(Recycle), 나눠 쓰고 받아 쓰기, 셰어하우스 같은 공유로 이어지는 움직임이 활발하다. 앞으로 시대가 변화할수록 새로운 공유 형태가 생겨날 것이다.

저출산, 고령화, 인구감소, 산업구조의 변화, 경제 저성장 등 우리는 지금껏 아무도 경험하지 못한 사회로 들어서고 있으며 지금 시대의 전환점에 서 있다. 그래서 이제 기존의 발상에 얽매이지 않는 새로운 사고가 필요하다. 그렇기에 미래를 이끌어 갈 청년들에 대한 기대가 더욱 커지고 있는 것이다.

행복이 중심인 돈 사용법

돈은 소유가 아닌 공유를 위해 써야 한다. 공유라고 해서 자신이 갖고 있는 돈을 모두와 나누라는 의미가 아니다. 같은 돈이면 자신이 살고 있는 환경을 조금이라도 나아지게 하는 방향으로 쓰자는 것이다.

그래서 돈 쓰는 것을 '투표행동'이라고 말하는 사람도 있다. 또 '사회에 대한 투자'라는 사람도 있다. 소비자가 무엇에 돈을 쓰느냐에 따라서 사회의 장래가 달라지니 '사회를 좋은 방향으로 바꾸도록 돈을 쓰자'는 뜻이다.

물건을 구입하거나 서비스를 받으면 돈을 지불하는데 그때 우리는 별 생각 없이 선택해서는 안 된다. 그 물건이나 서비스가 어떻게 만들어졌는지, 어떤 생각을 담고 있는지, 그것을 구입함으로써 어떤 결과로 이어지는지에 대한 자기 나름대로의 이유를 갖고 선택하자는 의미다.

세상에는 양심적인 기업도 많고 최선을 다해 상품을 만들어 서비스하는 사람도 많다. 소비자가 그런 곳을 찾아 구입하면 양심적인 곳은 발전하고 자신의 돈벌이만 앞세워 소비자를 그저 돈벌이 대상으로만 여기는 곳은 자연스럽게 도태된다. 그러면 결과적으로 보다 안전하고 살기 좋은 세상에 가까워질 수 있다.

투표행동은 소비에만 머물지 않는다. 기부와 봉사를 하고, 물건을 나누고, 도움을 주는 등 돈이 개입하든 개입하지 않든 큰 틀에서 보면 그것들 전부 경제행위이고 투표행위다. 한 사람 한 사람의 행동이 세상을 만드는 것이다.

즉 4교시에서 언급한 살아 있는 돈을 쓰는 것이다. 이 '살아 있는 돈'이라는 말을 최근에는 거의 들을 수 없는데, 내가 어릴 적에는 이런 표현을 하는 사람이 많았다. 그 때문인지 나는 지금도 기억에 또렷이 남아 있다. 어른들로부터 "돈은 살아 있게 써야 한다"고 들었고, 또 어른들끼리 그런 얘기를 나누는 모습을 자주 보았다.

최근에는 돈을 제대로 쓰는 방법이 자주 화제가 된다. 주로 고가의 물건을 저렴하게 구입했을 때 제대로 썼다고 하는데, 이 경우는 흔히 얼마나 저렴한지가 핵심이다. 결국 이 경우는 얼마나 이득을 보았나에 초점을 맞춘 본인 한정의 경제행위 즉 소유 개념에 불과하다.

'살아 있는 돈'의 의미는 같은 돈이면 가능한 한 많은 사람에게 도움이 되도록 쓰자는 것이다. 같은 금액으로 얼마나 많은 사람을 윤택하게 하느냐가 포인트다. 즉 타인과 사회에 대한 공헌도가 열쇠가 된다.

예를 들어 같은 주스를 사도 광고에 큰돈을 들이는 대기업 체인의 A 매장 주스가 아니라 지역에서 재배되는 과일로 만드는 B 매장의 주스를 사먹는 것이다. 주스의 판매 가격이 같을 경우 판매액에서 얻는 이익은 A, B 모두 크게 다르지 않지만 주스의 이익이 가져오는 가치는 완전히 다르다.

이 경우 눈 여겨 볼 것은 자신이 살고 있는 고장이다. 생기 넘치는 사람과 가게가 많으면 지역 전체가 그만큼 활기 넘치고 살기 편한 곳이 된다. 주민 입장에서는 가능한 한 자기 지역에 이익이 환원되는 방향으로 소비하는 것이 자신의 이익으로 이어질 것이다. 자기 고장의 과일이라면 과일 생산자, 농협, 주스

가게에 확실하게 이익을 가져온다. 그리고 거기에 고용이 발생해 경제가 순환한다. 또 전국에 점포를 둔 대기업 체인과 달리 수송에 비용과 에너지가 들지 않는다. 수송 시 배출되는 이산화탄소 배출량도 줄일 수 있다.

이것이 세계적으로 확산되고 있는 '페어트레이드(Fair Trade)' 사고방식이다. 페어트레이드는 직역하면 '공정한 무역'이라는 뜻이다. 경제적, 사회적으로 약자인 개발도상국의 원료와 제품을 적정한 가격으로 지속적으로 구입해서 생산에 관계하는 노동자의 생활을 개선하는 무역 시스템이다.

지금과 같은 국제화 세계에서는 불공평한 무역 관행이 활개를 치고 그로 인해 현지인들은 원료와 제품을 값싸게 넘겨 빈곤 상태에서 벗어나지 못한다. 수입되는 원료나 제품 중에는 헐값이나 다름없는 것들이 많은데, 전부 저임금 노동자나 아동 노동으로만 가능한 가격으로 수입에 관계한 대기업은 막대한 이익을 올릴 수 있지만 현지에서 일하는 사람들은 아무리 일을 열심히 해도 빈곤에서 벗어날 수 없다.

페어트레이드는 현지인의 노동 수준에 맞는 임금을 지불하기 위해 이러한 부분은 물건 값에 정확히 반영시키자는 개념이다. 지극히 당연한 얘기인데 현실은 그렇게 되지 않는다는 데

누군가는 늘 가난하고, 누군가는 더 부자가 된다

문제가 있다. 만일 자신이 현지에 사는 어린이나 청소년인데 학교에도 못 가고 매일 가혹한 노동을 해야 한다면 어떨지 한 번 상상해보자.

페어트레이드에 찬성한다면 앞으로 초콜릿을 사먹을 때, 셔츠를 살 때 꼭 이런 부분도 생각해보자. 페어트레이드라고 하기 의심스러운 장사를 하는 곳도 꽤 있으므로 관심 있는 사람은 인터넷으로 확인해보는 것도 한 방법이다.

우리 주변에도 가게가 많다. 여러분은 보통 어디서 물건을 살까? 가족이나 친구와 외식할 때 어떤 기준으로 음식점을 고를까? 최근에는 대형 쇼핑몰에서 쇼핑을 하고 유명 체인점에서 식사하는 경우가 많은데 자신이 사는 동네를 늘 다니던 길이나 평소와는 완전히 다른 길로 탐험해보자. 혹시 셔터가 내려진 상점가는 없는지, 어떤 사람이 사는지, 가게 문은 닫혀 있지만 아직 셔터 안쪽에서 생활하지 않는지 살펴본다.

그러다 주의 깊게 동네를 둘러보면 나이든 주인이 근근이 유지하는 허름한 음식점을 발견하게 될지도 모른다. 여러분도 그런 곳에 들어가 본 적이 있을까? 대형 패밀리레스토랑이나 패스트푸드점에만 갔던 사람이라도 한 번쯤 그런 곳을 찾아 들어가 보자. 오랫동안 영업을 계속하고 있다는 것은 그만큼 찾는 사람이 있다는 증거가 된다. 어쩌면 그곳은 숨어 있는 맛집일지도 모른다.

또 동네서점도 그 수가 크게 줄고 있다. 전반적으로 독서인구가 줄어들고 있기도 하지만 가장 큰 이유는 인터넷으로 주문하거나 대형서점에서만 책을 사는 사람이 많기 때문이다. 채소가게, 과일가게, 생선가게, 구멍가게, 문구점 등 동네에서 소규모로 장사하는 곳들도 마찬가지다.

어느 순간 이 세상은 자동차를 가진 사람, 인터넷을 구사하는 사람, 쉽게 외출할 수 있는 건강한 사람만 편리함과 저렴함을 누릴 수 있는 곳이 되어 버렸다. 그래서 노인과 장애가 있는 사람 중에는 시대의 변화에 따라가지 못해 불편함을 참고 견뎌야 하는 경우도 있다.

여러분은 젊어서 시대의 최첨단을 즐기는 것이 어렵지 않고 무척 신나는 일일 것이다. 그래서 고령자나 장애를 가진 사람을 보면 불쌍하다거나 힘들겠다고 생각하지만 결국 남의 일이 되어버리는 것이 현실이다.

충격적인 사실을 고백하자면 나도 50대 중반에 접어들면서부터는 변화를 따라가기가 벅차다. 아마 10년쯤 지나면 완전히 뒤처지지 않을까 하는 두려움을 느낀다.

'그게 무슨 충격적인 사실이냐'고 생각하는 사람은 자신도 언젠가는 나이를 먹는다는 사실을 깨달아야 한다. 시대는 갈수록 더욱 빠르게 변화한다. 여러분은 몇 살까지 그 변화에 따라갈 수 있을까? 나처럼 50대 중반까지는 그럭저럭 가능할까? 아니면 변화에 가속도가 붙는 만큼 40대에도 무리라고 생각하고 포기해버릴까?

'백세인생' 운운하는 시대에 이렇게 젊은 나이에도 변화에 적응하지 못하는 사람들이 양산된다면 그것은 결코 성공한 사회라고 할 수 없다.

세상에는 어린아이도 있고 노인도 있다. 임산부가 있고, 갓난아기를 둔 사람도 있다. 휠체어를 탄 사람, 병을 앓으면서 일하는 사람도 있고 눈이 불편한 사람, 귀가 잘 들리지 않는 사람, 글자를 읽지 못하는 사람도 있다. 또 사람은 누구나 지금은 건강해도 병에 걸리고 장애를 갖게 될 수도 있다. 그것은 불행일까?

아니다, 이것들은 전부 생명의 한 상태에 불과하다. 세상에 생명으로 존재하는 한 이런 상태가 될 수도 있고 저런 상태가 될 수도 있다. 그럴 가능성은 늘 있다. 그래서 그 상태가 되었다고 해서 불행하다고만 할 수는 없다. 앞서 언급한 약자라고 불리는 사람들이 사회에서 활약할 기회를 빼앗기는 것이야말로 불행이다. 때로는 생활할 터전까지 빼앗기기도 한다. 그것은 자신뿐만이 아니라 사회의 불행이다.

반대로 누가 어떤 상태가 되건 그 사람이 갖고 있는 힘을 최대한 발휘하면 그것이 자신뿐 아니라 사회에도 최대의 이익이 된다는 것은 조금만 생각하면 알 수 있다.

누구나 살기 좋은 세상이란 그곳에 사는 한 사람 한 사람이 자신의 힘을 충분히 발휘할 수 있는 사회다. 그것은 활력이 넘치는 사회로 자신이 속한 사회가 그런 상태라면 안심하고 살 수 있다. 언제 어떤 상태가 되어도 '열심히 살자'는 희망을 가질 수 있는 사회이기 때문이다.

어떤 세상에서 살고 싶은지의 관점에서 생각하면 자신이 어떤 행동을 해야 할지 저절로 알 수 있다. 그중에서도 투표행동인 물건 구입은 큰 비중을 차지한다. 새 옷을 사는 대신 친구와 교환하고, 페어트레이드 상품을 사고, 자신이 사는 지역의 가게에서 물건을 구입하는 모든 것들이 투표행동이다. 우리의 행동 하나하나가 미래의 사회를 결정한다는 사실을 마음에 새겨두자.

세상을 생각하며 행동하면 자신의 선택에 의미가 생긴다. 자신의 선택에 의미를 발견하면 돈을 어떻게 쓸지도 정해진다. 만약 자신이 사는 지역에 응원하고 싶은 가게가 있다면 주위에 입소문을 내어 적극적으로 돕자. 그것은 단순히 물건이나 서비스를 구입하는 개인적인 행위에서 벗어나 지역에 활력을 불어넣는 상리공생(相利共生)의 사회적 행동으로 이어진다.

서로 공존할 수 있는 돈의 사용법을 익혀야 행복한 사람이 된다

얼마 전 텔레비전의 한 프로를 봤는데 일본에서 100세가 넘는 고령자('백수자百壽者'라고 한다)가 2014년 9월 15일 시점으로 5만 명이 넘었다고 한다. 50년 전 통계작업을 시작했을 당시에는 153명이었다고 하니까 그동안 엄청나게 증가했음을 알 수 있다.

그 프로에서는 '노년적 초월'이라는 현상을 소개했다. 나는 귀에 익숙하지 않은 말이라 직접 찾아보았다. 노년적 초월이란 '노인이 자신의 신체 중 일부가 뜻대로 움직이지 않아도 현상을 긍정적으로 받아들이는 태도'를 가리킨다. 이것은 전체가 아닌 소수의 노인에게서만 볼 수 있는 현상으로 이유나 원인은 확실하지 않지만 경제적인 여유와도 무관하고 혼자 살거나 가족, 혹은 시설에서 생활하는 것과도 관계없다고 한다.

그들의 공통점은 고령이라는 점과 매사에 만족하고 감사하는 태도를 갖는 것, 즉 불평불만을 갖지 않는 것이라서 노년적 초월이라고 부르는 모양이다. 문득 '깨달음의 경지'라는 말이 떠올랐다.

노년적 초월은 노인을 대상을 설문조사를 하는 과정에서 알게 되었는데, 그 과정이 방송으로 소개되었다.

"자신이 건강하다고 느끼나요?"
"네, 아주 건강해요."

"매일 기분 좋게 지내나요?"
"네, 아주 기분 좋게 지내요."

"주위 사람들과 사이좋게 지내나요?"
"네, 아주 잘 지내요."

"미래에 대해 불안감을 느끼나요?"

"아뇨, 전혀 안 느껴요."

"외롭다고 느끼신 적은 있나요?"
"아뇨, 전혀 없어요."

"즐거운 일이 있어요?"
"매일이 아주 즐거워요."

"돌아갈 수 있다면 몇 살로 돌아가고 싶나요?"
"지금이 제일 좋아요."

　내가 가르치는 학생들도 '1학년으로 돌아가서 다시 공부하고 싶다', '중학교 때로 돌아가고 싶다'라고 말하고, 동료 선생님들도 '나이 들고 싶지 않다', '젊을 때로 돌아가고 싶다'고 아쉬워하는데 방송 속의 노인들은 '지금이 가장 좋다'고 대답하는 걸 보니 정말로 대단한 분들이라고 감탄하지 않을 수 없다.
　그렇게 대답한 노인 중에는 의지할 가족 없이 시설에서 지내거나 혼자 외출을 하지 못해 주위와 접촉할 기회가 적거나 식사, 입욕, 배설에 다른 사람의 도움이 필요한 경우도 있었다.

보통은 '몸 여기저기 안 아픈 데가 없어 죽겠다', '친구들이 다 죽어서 외롭다', '이가 안 좋아 좋아하는 음식을 마음대로 먹지 못해 화가 난다'고 불만을 말하기 일쑤인데 이들은 모두 자신의 생활에 만족한다.

노인의 일상생활은 몸의 컨디션이나 인간관계가 좋을 때만 있는 것은 아니다. 나이가 들수록 좋지 않을 때가 많아진다. 그런데도 '지금이 가장 좋다'니 도대체 어떻게 된 걸까.

깨달음의 경지에 이르러 욕망으로부터 완전히 해방된 걸까? 그러나 텔레비전을 보고 책과 인터넷을 찾아봐도 꼭 그런 것 같지는 않다. 설레는 표정으로 옷과 생활용품을 고르고 좋아하는 음식을 맛있게 먹는다. 깨달음이라고 하기보다는 진심으로 지금을 즐기는 것이다. '족함을 알라'는 말이 있는데 '노년적 초월'이야말로 그런 상태가 아닐까.

'그들과는 무엇이 다를까' 하고 내 자신을 돌아보니 나는 싫은 것, 잘 안 되는 것에만 의식이 미치는 경향이 있었다. 배가 아프면 '왜 아픈 거야' 하고 짜증이 나고 지하철에서 발을 밟히면 '왜 밟는 거야' 하며 화가 났다. 반면에 좋았던 일, 잘된 일은 '그저 그런 일'로 생각하고 넘어갔다.

이런 나와는 반대로 노년적 초월의 노인은 싫은 것, 잘 안 되는 것이 많아도 그것을 '그저 그런 일' 혹은 '당연한 일, 있을 수 있는 일'로 받아들인다. 그리고 조금 좋았거나 잘된 것은 '멋지다, 정말 감사하다'고 생각한다.

이렇게 무엇을 당연하게 받아들이느냐에 따라 세상을 보는 눈은 달라진다. 수도꼭지만 틀면 물이 콸콸 쏟아지는 곳에 사는 사람과 왕복 몇 시간을 걸어가야 물을 만날 수 있는 곳에 사는 사람은 '물 한 잔'에 대한 인식이 크게 다르기 때문이다.

노년적 초월을 경험하는 노인은 "맛있게 잘 먹었습니다", "텔레비전을 보고 많이 웃었습니다", "오늘은 증손자가 현손(손자의 손자)을 데리고 놀러와 주었습니다" 하고 자신에게 주어진 소소한 일상에서 즐거움을 찾는다.

돈에 대한 책의 마무리에 이런 말들을 하는 것은 여러분에게 노년적 초월의 상태로 살라는 의미가 아니다. '돈만 있으면 이것도 하고 싶고, 저것도 사고 싶다'고 상상의 날개를 펴고 '그런데 돈이 없어서 이것도 못하고 저것도 무리다'라고 모든 것을 돈 탓으로 돌리는 우리의 모습이 지나치게 돈에 얽매인 것은 아닌지 돌아보자는 것뿐이다.

물론 현대사회에서 돈의 힘은 막강하고 절대적이다. 봉건사회에서 '신분의 차이'가 엄청난 힘(권력)의 차이를 만들었듯이 자본주의 사회에서는 '돈의 유무'가 힘의 차이를 만들어내기 때문이다. 우리에게 돈이 있으면 할 수 있는 것들은 많다. 복권 광고에서 1등에 당첨된 사람이 꿈같은 일을 차례로 이루어가는 모습이 그려지는 것만 보아도 알 수 있다.

돈과 권력은 같은 의미로 사용되고 있다. 돈이 있으면 자신의 현재 상황을 마음먹은 대로 바꿀 수 있고, 생각대로 사람을 움직일 수 있는 가능성도 높다. 나는 이것이야말로 돈의 진짜 매력이라고 생각한다.

그러나 우리가 봉건사회에 대한 설명을 들을 때 '왜 신분에 그토록 얽매이는지 이해가 안 된다. 모두 사이좋게 지내면 될 걸' 하고 의아해 하듯이 금전지상주의자가 아닌 사람들의 눈에는 지구라는 제한된 자원을 돈이라는 권력을 사용해 서로 빼앗는 우리가 퍽 이상하게 보일 것이다. 노년적 초월 상태인 사람들 역시 마찬가지다.

제한된 자원을 두고 싸우면 어쩔 수 없이 그것을 얻는 사람과 잃는 사람이 생긴다. 실제로 선진국과 개발도상국(이 표현도 마음에 드는 것은 아니지만)에서 일어나는 빈부의 차, 세계에서 일어나는 부의 쏠림 현상은 '돈을 둘러싼 파워 게임'의 결과다. 이 게임을 하면 할수록 행복하지 않은 사람이 늘어난다. 행복하지 않은 사람이 많은 사회는 좋은 사회, 살기 편한 사회가 아니다.

나는 행복한 사람이 되기를 열망한다. 그런데 그것을 실현하려면 압도적인 다수가 행복을 느껴야 한다. 세상에서 불행한 사람이 줄어들수록 사람들에게 여유가 생겨 모두가 살기 편해지기 때문이다.

자본주의 사회에서 성공한 사람은 대개 큰돈을 번 사람을 의미하고, 그것은 기본적으로 '개인이 가진 재능과 노력의 성과'라고 해석한다. 그러나 지식이건 기술이건 개인 자신의 힘만으로 발견했다고 할 수 있는 것은 하나도 없다. 그것은 인류 혹은 생물이 오랜 세월에 걸쳐 쌓아온 성과다. 따라서 우주적인 시각으로 볼 때 그것을 혼자 독점하려고 한다면 '독불장군'이라고 할 수 있다.

인간은 결코 혼자 살 수 없다. 내가 살기 위해서라도 서로 도와야 한다. 그것을 무조건 '내가, 내가' 하고 자신을 앞세우면 파워게임으로 내달리게 되고 어쩔 수 없이 돈이 필요해진다. 그러나 함께라면 이야기가 달라진다. 돈을 얻기보다는 사람과 교류하는 것이 더 중요해지기 때문이다. 이것이 공존, 공영의 사상이다.

노년적 초월 상태인 사람은 절대 개인적인 힘을 원하지 않는다. 사람과의 관계, 주위와의 관계 속에서 기쁨을 찾고 궁극적인 행복을 느낀다.

이제는 우리도 생각을 바꿔 진정한 행복, 안심할 수 있는 사회실현을 향해 나아가야 할 때다. 그때 노년적 초월을 경험하고 있는 사람들은 우리에게 좋은 본보기가 될 것이다.

이 책을 쓰면서 교과서를 비롯해 많은 자료를 조사했다. 돈에 대해 좀 더 깊이 생각하고, 좀 더 많은 사람의 의견을 듣고 싶은 사람이 있을 것이다. 그때 참고하기 바란다.

《評価と贈与の経済学》(内田樹, 岡田斗司夫 著/徳間書店)

《非電化思考のすすめ》(藤村靖之 著/WAVE出版)

《第四の消費》(三浦展 著/朝日新書)

《知らないと損する 池上彰のお金の学校》(池上彰 著/朝日新書)

《闇金ウシジマくん》(真鍋昌平 著/小学館)

《億男》(川村元気 著/マガジンハウス)

《この世でいちばん大事な「カネ」の話》(西原理恵子 著/角川書店)

《現代の貧困》(岩田正美 著/ちくま新書)

《高校生にもわかる「お金」の話》(内藤忍 著/ちくま新書)

《金融がやっていること》(永野良佑 著/ちくまプリマー新書)

《食品の裏側》(安部司 著/東洋経済新報社)

《マネー資本主義》(NHKスペシャル取材班 著/新潮文庫)

《子供にマネーゲームを教えてはいけない》(キャシー・松井 著/講談
　　　社+α新書)

《百姓貴族(1)》(荒川弘 著/新書館)

《デフレの正体》(藻谷浩介 著/角川oneテーマ21新書)

《貧困についてとことん考えてみた》(湯浅誠, 茂木健一郎 著/NHK出版
　　　新書)

《家庭基礎-明日の生活を築く》(開隆堂)

《家庭總合-明日の生活を築く》(開隆堂)

10대를 위한 경제적 자립 수업

행복한 어른이 되는 돈 사용 설명서

초판 1쇄 발행   2017년 6월 15일
초판 5쇄 발행   2021년 7월 20일

지은이   미나미노 다다하루
옮긴이   홍성민

펴낸이   김현숙 김현정
펴낸곳   공명
출판등록   2011년 10월 4일 제25100-2012-000039호
주소   03925 서울시 마포구 월드컵북로 402, KGIT센터 9층 925A호
전화   02-3153-1378 | 팩스   02-6007-9858
이메일   gongmyoung@hanmail.net
블로그   http://blog.naver.com/gongmyoung1
ISBN   978-89-97870-25-7 43370

이 도서의 국립중앙도서관 출판시도서목록(CIP)은 서지정보유통지원시스템
홈페이지(http://seoji.nl.go.kr)와 국가자료공동목록시스템(http://www.nl.go.kr/kolisnet)에서
이용하실 수 있습니다.(CIP제어번호: CIP2017012277)